有元葉子の beans cooking 豆

誇りをもって食べたい
昔からの「豆」

豆は良質のたんぱく源、ビタミン、ミネラル、食物繊維などを豊富に含む優秀素材。あのちっちゃい形の中に、体に必要な栄養素がギュッと詰まっています。近年、健康にいいと見直されているのは、そんな理由から。
でも、私が豆を好きな理由は、それだけではありません。国産の良質な豆を使えば、ゆでただけで十分味わい深く、ゆでたてにオリーブオイルと自然塩をかけただけで立派なアンティパストになる……。自然のおいしさとパワーを感じることのできる食材だからです。
豆は世界各国で何千年も前から食べられてきたものですが、ヨーロッパでは豆はとても大事にされ、「昔から食べている」という誇りをもってみんなが接しています。イタリアでも自然栽培の豆がたくさんあり、豆を粉にしたものも売っていて、それでお菓子を作ったり、クッキー焼いたり……。豆の粉でできたパスタもあります。レストランに行けば、スープ、パスタ、サラダ、マリネと豆料理が多くラインナップされています。豆のおいしさを熟知し、豆を食べ続けてきたというプライドが、広がりのある豆料理を育み続けているのでしょう。
イタリアの私の家の近くに住む農家のおじさんは、不滅に近いと言われていた小豆の味のする白い豆が納屋に1瓶だけあるのを見つけ、6年ほどの歳月をかけて土を耕し育てて種をとり、育てて種をとり……をして徐々に増やしていきました。そうして昔の豆を蘇らせました。本当のスローフードとはこういうものではないかしら。
肉や魚の代わりではなく、野菜とも違う。豆は豆なんです。和食の甘い煮豆もそれはそれでおいしいけれど、豆のおいしさは決してそれだけではないですよね。今の時代に合ったおいしい食べ方がもっともっとあるはず。豆の魅力をもっともっと引き出せるはず。自然の恵みとして上手につきあっていきたいものです。

有元葉子

	2	誇りをもって食べたい昔からの「豆」	
	6	基本　豆をゆでる	
大豆	11	大豆とベーコンのトマト煮込み	
	11	サクッとかき揚げ	
	14	大豆のカレースープ	
	15	大豆のにんにくスープ	
	16	大豆とアボカドのサラダ仕立て	
	17	大豆のおろしあえ	
	18	大豆の黒酢がけ	
	19	大豆の甘辛煮	
	20	大豆のしょうゆ漬け	
	21	豆みそ	
	22	炒り大豆の炊き込み茶めし	

小豆	29	かぼちゃと小豆の蒸し煮
	29	小豆と五穀のごはん
	32	小豆のおかゆ
	33	ゆで小豆の和三盆がけ
黒豆	35	黒豆玄米ごはん
	35	黒豆のサラダ
	38	豚肉と黒豆の唐辛子煮込み
	40	マンゴーと白玉のみつ豆
	41	黒豆といちごの黒みつがけ
えんどう豆	43	じゃが芋とえんどう豆のカレー&チャパティ
	43	えんどう豆のクリームスープ

tofuを作る	24	豆腐のオイルがけ
		豆腐のはちみつがけ
		自家製厚揚げ
		おからのアーリオ・オーリオ
ペーストを作る	64	ブリニ風カナッペ
ちょっぴり残った豆で	82	いろいろ豆のマリネ
		いろいろ豆のシロップ漬け
		いろいろ豆のスープ
		レンズ豆を入れた野菜スープ
		レンズ豆といちごのデザート

CONTENTS

			ひよこ豆 69	ひよこ豆のスープ
いんげん豆	47	いんげん豆の白いシチュー	69	ひよこ豆のサラダ
	47	いんげん豆の辛いスープ	72	フムス
	50	豚肉といんげん豆のトマト蒸し煮	74	ファラフェル
	52	鶏肉といんげん豆のシンプル蒸し煮	76	玄米ごはんとひよこ豆のオイルあえ
	54	マッシュビーンズ	77	ひよこ豆のクスクス
	55	いんげん豆のオリーブオイルがけ	78	ひよこ豆と青菜の煮込み
	56	えびといんげん豆のサラダ	79	ひよこ豆のパスタ
	57	じゃが芋といんげん豆のサラダ	80	ひよこ豆のカレー&プーリ
	58	グリーンソースのサラダ	レンズ豆 87	レンズ豆と栗のポタージュ
	60	豆クリーム	87	レンズ豆とあさりのサラダ
	62	豆アイス	緑豆 91	緑豆のココナッツミルクがけ
	63	いんげん豆のシナモンはちみつ漬け	91	緑豆のおしるこ

●計量の単位は、1カップ=200cc、大さじ1=15cc、小さじ1=5ccです。

基本　豆をゆでる

豆は食べたい、でも一晩水につけておくのは面倒、ゆでるのも手間がかかる……。
そんなふうに思っている人も多いよう。でも、よく考えてみてください。
夕飯の片づけが終わったら、ボウルに豆を入れて水に浸しておくだけ。
あとは次の日まで何もする必要はないんです。
ゆでるのだって、鍋を弱火にかけておくだけだから
他の料理を作っているとなりで、家事の合間にだってすることができます。
私のやり方は、買ってきた豆を1袋いっぺんに水に浸し、全部ゆでてしまい、
小分けにして冷凍保存しておくという方法。
ゆでておきさえすれば、思い立ったときにいつでも気軽に豆料理が作れるんです。
大豆、小豆、黒豆、えんどう豆、いんげん豆、ひよこ豆、レンズ豆、緑豆……、
この本で紹介するレシピも、そのほとんどが"ゆでた豆"を使います。

1 豆を水に浸す

A

豆は1袋単位で用意。

B

豆をボウルにあける。

C

水を注ぐ。拳ひとつかぶる程度の量。黒豆は拳ふたつ。このままで一晩おく。レンズ豆は20分、緑豆は2〜3時間でいい。ここでしっかり水に浸しておくのが、おいしくゆでるコツ。

2 豆をゆでる

A

豆を浸しておいた水ごと鍋に移し、強火にかける。

B

煮立ったらアクをとり、弱火にしてゆでる。豆がコトコトと動かない程度の火加減で。

C

約1時間ほどゆで、食べてみて豆がやわらかくなっていればゆであがり。新豆はやや早くゆであがる。

3 冷凍保存する

ファスナーつきの冷凍バッグに200gぐらいずつ小分けにして、ゆで汁もいっしょに入れ、できるだけ空気を抜いてファスナーを閉め、平らにして冷凍庫へ。1か月を目安に使い切るが、おいしく食べるならやっぱり早めに。

「豆をゆでる」
「豆を料理する」に
最適なツール

鍋は材質は選びませんが、私は、銅製の鍋、無水鍋、重厚なステンレス多重構造鍋を使っています。熱伝導率のいい厚手のものを。

木製のヘラやお玉、耐熱仕様のスパチュラは、やわらかくなった豆を扱うときに。ステンレス製のものは豆の形をつぶしてしまいます。

大豆

"畑の肉"と言われるほど栄養豊富、五穀のひとつ。
ここでは、白大豆もしくは黄大豆を使い、豆本来のうまみを丸ごと味わいます。

大豆とベーコンのトマト煮込み

材料・4人分
大豆(ゆでたもの)　2カップ
大豆のゆで汁　適量
ベーコン(かたまり)　100g
にんにく　1片
玉ねぎ　1個
オリーブオイル　適量
ローリエ　1枚
トマト水煮缶　½缶
塩、こしょう　各少々

1・ベーコンは2～3mm厚さに切る。にんにく、玉ねぎはみじん切りにする。
2・鍋にオリーブオイルとにんにくを入れて炒め、玉ねぎを加えてさらに炒め、玉ねぎがしんなりしたらベーコンを加えて炒め合わせる。
3・大豆を入れ、大豆のゆで汁と水を注いでひたひたにし、ローリエとトマト水煮缶を加えてコトコトと煮る。
4・30分ほどして大豆に汁気がからまるくらいになったら、塩とこしょうで味を調える。

サクッとかき揚げ

材料・4人分
大豆(ゆでたもの)　1カップ
大豆のゆで汁または水　少々
ごぼう　10cm
桜えび　15g
小麦粉　½カップ
揚げ油　適量
塩、粉唐辛子　各適量

1・ごぼうは大豆と同じくらいの大きさに切り、5分ほど水にさらして水気をきる。
2・ボウルに大豆、ごぼう、桜えびを合わせ、小麦粉を入れて混ぜ、大豆のゆで汁を加えて、少しねっとりして素材同士がくっつく程度に調整する。
3・揚げ油を中温に熱し、2をスプーンなどですくって落とし入れ、ときどきひっくり返しながらカリッと揚げる。
4・油をきって器に盛り、塩と粉唐辛子を添える。

コトコト煮込んだ大豆はホクホク。
おいしいベーコンがあればこその料理です。　　　　　　　　　　　　　　　　　　　　　　　　　　　作り方　P.11

大豆とベーコンのトマト煮込み

それぞれの素材の食感が楽しめるのが魅力。
桜えびの代わりにじゃこを使っても。 ——————— 作り方 P.11

サクッとかき揚げ

1・にんにくは半分に切って芯を取り除く。玉ねぎはみじん切りにする。
2・鍋に大豆、にんにく、玉ねぎを入れ、
　大豆のゆで汁と水を注いでひたひたにし、カレー粉とローリエを加えて煮る。
3・2からローリエを除いて少し冷まし、ミキサーに移して攪拌する。
　ピューレ状になってミキサーが回らなくなってきたら随時水適量を足しながらなめらかにしていく。
4・鍋にもどして生クリームを入れて温め、塩で味を調える。
5・器に注ぎ、塩を散らす。

大豆のカレースープ

材料・4人分
大豆（ゆでたもの）　2カップ
大豆のゆで汁　適量
にんにく　1片
玉ねぎ　1/2個
カレー粉　大さじ2くらい
ローリエ　1枚
生クリーム　1/2カップ
塩　適量

大豆の甘さとカレーの風味が溶け合ったポタージュ。
生クリームをトッピングしても。

1・にんにくは1片ずつにして半分に切って芯を取り除く。玉ねぎはみじん切りにする。
2・鍋に大豆、にんにく、玉ねぎを入れ、
大豆のゆで汁と水を注いでひたひたにし、ローリエを加えて20分煮る。
3・2からローリエを除いて少し冷まし、ミキサーに移して攪拌する。
ピューレ状になってミキサーが回らなくなってきたら随時水適量を足しながらなめらかにしていく。
4・鍋にもどして生クリームを加えて温め、塩で味を調える。
5・器に注ぎ、オレガノをふる。

大豆のにんにくスープ

材料・4人分
大豆(ゆでたもの) 2カップ
大豆のゆで汁 適量
にんにく 1玉
玉ねぎ ½個
ローリエ 1枚
生クリームまたは牛乳 ½カップ
塩、オレガノ(ドライ) 各適量

どことなく豆乳のような味わい。
あえてスープの素は使わず、自然のままのおいしさに。

1 • アボカドは皮と種をとり、大豆と同じくらいの大きさの小角切りにし、ボウルに入れてレモン汁を混ぜる。
2 • 1のボウルにオリーブオイル、塩、こしょう、大豆、赤玉ねぎ、パセリを加えて混ぜ合わせる。

切って混ぜるだけのお手軽レシピ。
シンプルな味つけだから飽きのこないおいしさです。

材料・4人分
大豆(ゆでたもの)　1½カップ
アボカド　1個
レモン汁　½個分
オリーブオイル　大さじ2
塩、こしょう　各少々
赤玉ねぎまたは玉ねぎの薄切り　¼個分
パセリのみじん切り　適量

大豆とアボカドのサラダ仕立て

1 • 大根は皮をむいて鬼おろしでおろし、軽く水気をきる。
2 • ボウルに1と大根おろしを入れ、ポン酢じょうゆを加えて味を調え、ゆずの皮を混ぜる。

冬にはゆずの皮、春から夏にかけては木の芽を入れて
香りのアクセントをつけます。

材料・4人分
大豆(ゆでたもの)　1〜1½カップ
大根　15cmくらい
ポン酢じょうゆ　適量
ゆずの皮のせん切り　適量

大豆のおろしあえ

1・器に大豆を入れ、黒酢としょうゆをかけ、おろししょうがをのせる。

すぐ食べてもいいし、
2～3日漬け込んで味をしっかりしみ込ませても。

材料・4人分
大豆（ゆでたもの）　1～1½カップ
黒酢、しょうゆ　各適量
おろししょうが　適量

大豆の黒酢がけ

1 • 鍋に大豆を入れ、大豆のゆで汁と水を注いでかぶるくらいにし、
火にかけ、煮立ったら砂糖を入れて弱火で15～20分コトコトと煮る。
2 • しょうゆを加え、煮汁が少し残る程度までさらに煮る。

甘く煮含めた大豆は、
ちょっぴり懐かしくってホッとなごむ味わいです。

材料・4人分
大豆(ゆでたもの)　2カップ
大豆のゆで汁　適量
砂糖　大さじ3
しょうゆ　大さじ1

大豆の甘辛煮

1 • 昆布はさっと水にくぐらせて大豆より少し小さな小角切りにする。にんじんは5mm角に切る。
2 • ボウルなどに大豆、1、赤唐辛子を入れ、酢、酒、しょうゆを加えて混ぜ合わせる。
　　1時間後から食べられ、密封容器に入れて冷蔵保存すれば1週間たってもおいしい。

常備菜として覚えておきたい料理のひとつ。
にんじんは生のまま使って食感を楽しみます。

大豆のしょうゆ漬け

材料・4人分
大豆(ゆでたもの)　1カップ
昆布　5cm
にんじん　3〜4cm
赤唐辛子の小口切り　1本分
酢、酒　各大さじ1½
しょうゆ　大さじ2

1・大豆は水1カップに30分ほど浸し、水気をきる。
2・鍋またはフライパンにごま油を熱し、1を入れ、表面が茶色くなるまでよく炒める。
3・みそを加えて味をからめる。

子供のころ、よくおやつに食べていたのがこれ。
つい手をのばしてしまう素朴な味です。

材料・4人分
大豆(乾燥)　1カップ
ごま油　小さじ2
みそ　大さじ1〜1½

豆みそ

材料・4人分
大豆（乾燥）　½カップ
米　3カップ
番茶　3カップ
塩　小さじ½

炒り大豆の炊き込み茶めし

炒った大豆を炊き込んだ、うちの定番ごはん。湯気とともに漂う香ばしい香りがなんとも言えません。

1・大豆は鍋またはフライパンに入れ、少し色づくまで炒っておく。
2・米はとぎ、ザルにあげて30分ほどおく。
3・土鍋に米、番茶、塩を入れ、大豆を加えてふたをし、強火にかけ、沸騰してきたらごく弱火にして15分炊く。
4・火を止めて5分ほど蒸らし、さっくりと混ぜ合わせる。

tofuを作る

私が豆腐を作るようになったきっかけは、イタリア滞在中でのこと。イタリア人でもチーズが苦手な人がいたり、健康に留意して動物性たんぱく質をとらない人が増えつつあります。だったら体にいい植物性たんぱく質でチーズの代わりになるような料理が作れないかしら、そう思い立って豆腐を作ってみたんです。あちらにサラシはないので、麻を使って作りました。この麻ごし豆腐、友人たちに食べてもらったら好評。にわかにブームになりつつあります。豆のチカラってすごいと改めて感心。大豆だけでなく、黒豆やレンズ豆でもきっと作れるはず。これからの課題です。

A 大豆300gを水に浸して一晩おく。水の分量はふくらんだ豆と同量必要なので、2½カップくらいが目安。

B 水ごとミキサーにかけてスープ状にする。

C 深めの鍋に移し、はじめは強火にかけ、煮立ったら中火で10分ほど煮る。焦げつきやすいので、先が平らな木べらで絶えずかき混ぜながら。

D そのうち大豆の青臭いにおいが甘いにおいに変わってきて、フワーッとしてくる。

E エキストラバージンオリーブオイル大さじ1くらいを加えて、フワーッとしすぎるのを抑える。

F 別のボウルにサラシを敷いたザルをのせ、漉す。ガーゼでは弱すぎるのでサラシのほうがいい。

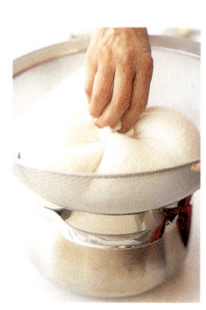

G サラシの四隅を集めて口を閉じ、木べらで押さえながら水気を絞り、指先でも絞ってしっかりと水きりをする。

H これでおからと豆乳に分かれる。ザルの中には豆腐、下の鍋の中には豆乳。

I 豆乳を火にかけて焦げないように混ぜながら温め、沸騰直前にガーッと手早く一方向にかき混ぜ、このときできた渦があるうちににがり10〜20ccを加える。自然に混ざったら、木べらで流れを止める。混ぜすぎないことが肝心。

J 麻を敷いたザルにていねいに移し、麻で包んで軽く水気をきる。このままだとおぼろ豆腐。

K 麻の上から軽く重しをし、10分くらいおき、重しをとる。

水に入れて麻からはずし、これで豆腐の完成。

おからも料理に使うので、とっておく。

tofuとおからで

豆腐のオイルがけ

豆腐にオリーブオイルをたっぷりとかけ、
粗塩をふり、アンティパストに。

豆腐のはちみつがけ

チーズ感覚で、
豆腐にはちみつをかけても美味。

自家製厚揚げ

さらに少し重しをしてしっかりと水きりし、
オリーブオイルできつね色に揚げれば、
カリッと香ばしい厚揚げ豆腐。
薄切りに揚げれば油揚げになる。

おからのアーリオ・オーリオ

おからをオリーブオイル、にんにくのみじん切り、赤唐辛子の小口切りで炒め、パラパラッとなったら塩で味を調える。

おからのアーリオ・オーリオを小さく丸め、オリーブといっしょに盛り合わせれば、ワインのおともに。

小豆

体にうれしい栄養素がたっぷり、上品な味わい。さまざまな品種がありますが、ここでは、大粒で深い味わいのある大納言を使います。

かぼちゃと小豆の蒸し煮

材料・4人分
小豆（ゆでたもの）　1½〜2カップ
かぼちゃ　400g
砂糖　大さじ3〜5
塩　ひとつまみ

1. かぼちゃは種とワタをとって大きめの乱切りにし、鍋に入れ、砂糖と塩をまぶして20〜30分おいておく。これで甘みが浸透して水分が出る。
2. 1の鍋に水を1〜2cm深さまで入れ、小豆を加えて軽く混ぜ、ふたをして火にかけ、煮立ったら弱火にして15分ほど煮る。
3. かぼちゃに竹串を刺してみて、やわらかくなっていたらできあがり。水分が残っているようならふたをとって飛ばす。かぼちゃがまだかたいようなら水適量を足してさらに蒸し煮する。
4. 鍋をゆすって全体に混ぜ、かぼちゃもあずきも少しつぶれるくらいにする。

小豆と五穀のごはん

材料・4人分
小豆（ゆでたもの）　1カップ
五穀ミックス（市販）　½カップ
米　2½カップ

1. 米はとぎ、ザルにあげて30分ほどおく。
2. 鍋に米と五穀ミックスを入れて軽く混ぜ、水3カップを注ぎ、小豆を加えてふたをし、強火にかけ、沸騰してきたらごく弱火にして15分炊く。
3. 火を止めて5分ほど蒸らし、さっくりと混ぜ合わせる。

煮汁は最小限、だから素材の持ち味がそのまんま。
甘さとホクホク感を存分に楽しみます。　　　　　　　　　　　　　　　　　　　　　　　作り方　P.29

かぼちゃと小豆の蒸し煮

小豆の甘みと五穀のうまみがミックス。
鍋で炊くからお米のおいしさも引き立ちます。　　　　　　　　　　　　　　　　　　　　作り方　P.29

小豆と五穀のごはん

1・米はといで鍋に入れ、水8カップを注いで強火にかける。
2・煮立ったら弱火にして20分コトコト煮、小豆を加えてさらに20分ほど煮る。
3・器に盛り、塩をふる。

鍋で煮ると、とろとろっといい感じ。
味つけはせず、各自好みの塩加減にしていただきます。

材料・4人分
小豆　1カップ
米　1カップ
塩　適量

小豆のおかゆ

1 • 小豆を器に盛り、和三盆をたっぷりとかける。

ゆでておいた小豆に和三盆をかければ立派なスイーツ。
和三盆の代わりに黒砂糖を使っても。

ゆで小豆の和三盆がけ

材料・4人分
小豆(ゆでたもの)　適量
和三盆　適量

黒豆

黒豆は大豆の一種で、外皮が黒い黒大豆のこと。
栄養も大豆と同様豊富。
ここでは、色つやがよく深い味わい、大粒種の丹波黒を使います。

材料・4人分
黒豆(乾燥)　1/2カップ
玄米　2 1/2カップ

黒豆玄米ごはん

1 • 黒豆は一晩たっぷりの水に浸しておく。
2 • 玄米は洗う。
3 • 圧力鍋に玄米と水気をきった黒豆を入れ、水3カップを注いでふたをする。
4 • 強火にかけ、シューという音が聞こえて圧力がかかったら弱火にし、20分ほど炊く。
5 • 火を止めて鍋に水をかけて圧力を抜き、そのまま20分ほどおいて蒸らし、ふたをとってさっくりと混ぜる。

材料・4人分
黒豆(ゆでたもの)　1カップ
黄パプリカ　1個
赤玉ねぎまたは玉ねぎ　1/4個
にんにく　1片
オリーブオイル　適量
レモン汁またはワインビネガー　適量
塩、こしょう　各少々
葉野菜　適量

黒豆のサラダ

1 • 黄パプリカは黒豆と同じくらいの大きさに切る。赤玉ねぎとにんにくはみじん切りにする。
2 • ボウルに黒豆と1を入れ、オリーブオイルとレモン汁を加えてあえ、塩とこしょうで味を調える。
3 • 器に葉野菜を敷き、2を盛る。

黒豆はふっくらやわらか、玄米はもっちりと深みのある味わい。
この組み合わせが大好き。冷めてもおいしいからおにぎりにもします。 ──── 作り方　P.35

黒豆玄米ごはん

豆と野菜の歯ごたえを楽しむシンプルサラダ。
上質のオリーブオイルを使うのがおいしさの決め手です。 ──────── 作り方　P.35

黒豆のサラダ

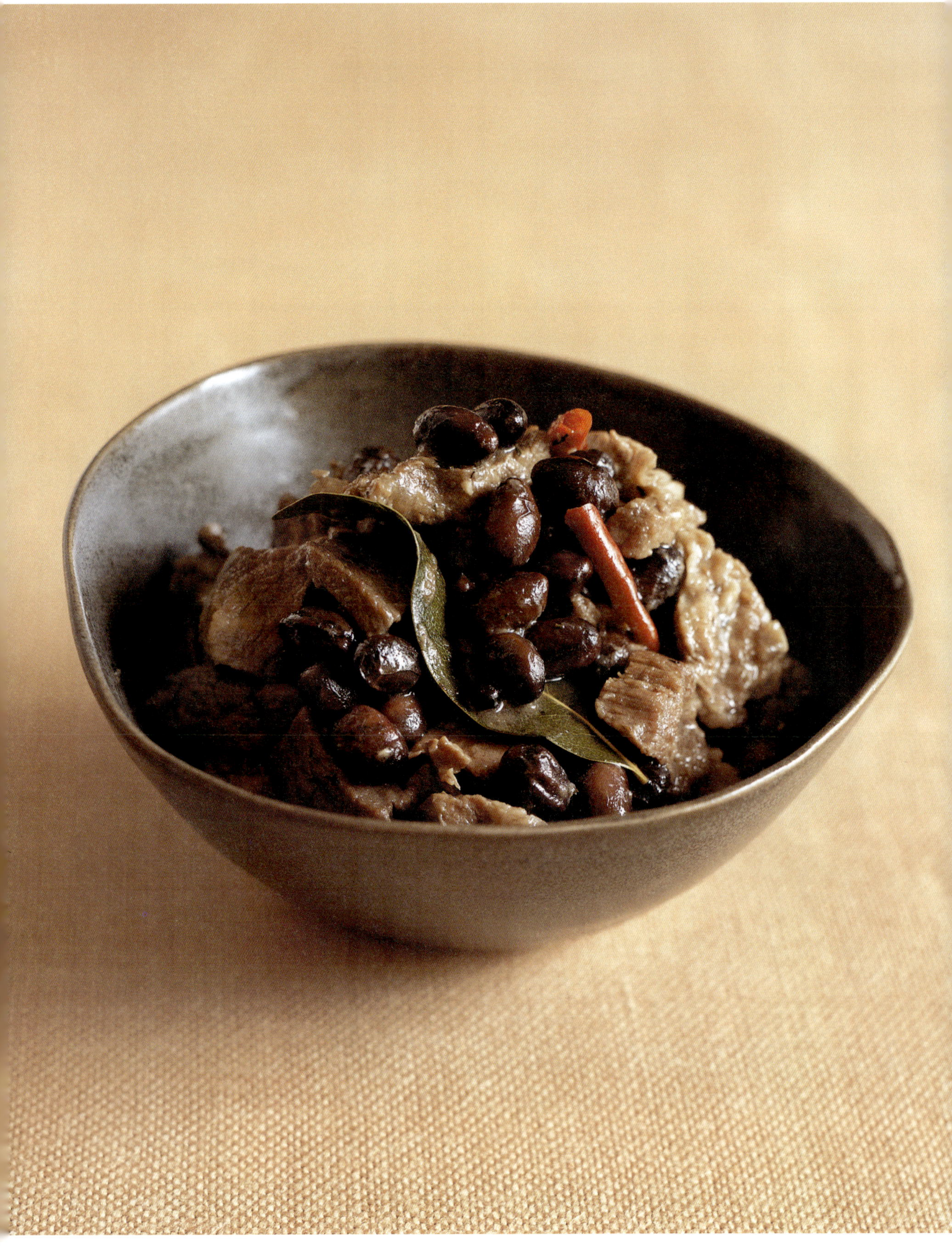

材料・4人分
黒豆（ゆでたもの）　2カップ
豚肩ロース肉（かたまり）　300g
にんにく　1片
玉ねぎ　1/2個
赤唐辛子　2〜3本
オリーブオイル　大さじ2
白ワイン　1カップ
ローリエ　1枚
タイム（ドライ）　小さじ1
クローブ　2〜3個
黒粒こしょう　小さじ2/3
塩、こしょう　各少々

豚肉と黒豆の唐辛子煮込み

豚肉のうまみがしみた黒豆が美味。赤唐辛子のピリッとした辛さが食欲をそそります。

1 • 豚肉はひと口大の角切りにして塩とこしょうをふっておく。
にんにくと玉ねぎはみじん切りにする。赤唐辛子は種を取り除く。
2 • 鍋にオリーブオイル、にんにく、玉ねぎを入れて火にかけて炒め、豚肉を加えてさらに炒める。
3 • 白ワイン、ローリエ、赤唐辛子、タイム、クローブ、黒粒こしょうを加え、水をひたひたに注ぎ、コトコトと煮込む。
4 • 汁気が2/3量程度になったら黒豆を加え、塩をふり、煮汁がとろっとするまでさらに煮る。塩とこしょうで味を調える。

1. 白玉を作る。白玉粉に水適量を少しずつ加えて混ぜ、耳たぶくらいのかたさにこねる。直径1cmくらいに丸め、熱湯でゆで、浮いてきて1〜2分したら冷水にとる。
2. マンゴーは皮をむいて種を取り除き、黒豆と同じくらいの大きさの小角切りにする。
3. ボウルに白玉、マンゴー、黒豆を入れ、はちみつとレモン汁を加えて混ぜる。

マンゴーと白玉のみつ豆

材料・4人分
黒豆（ゆでたもの）　適量
白玉
　白玉粉　100g
　水　適量
マンゴー　適量
はちみつ、レモン汁　各適量

はちみつとレモン汁をたっぷりかけていただくスイーツ。
マンゴーと白玉は黒豆と同じくらいの大きさに。

1 • いちごはヘタをとって縦4等分に切る。
2 • 黒豆といちごを合わせて器に盛り、黒みつをたっぷりとかける。

黒豆といちごの黒みつがけ

材料・4人分
黒豆(ゆでたもの) 適量
いちご 適量
黒みつ(市販) 適量

ちょっと甘いものが食べたい、
そんなときにすぐに作れるのが魅力。コントラストもきれいです。

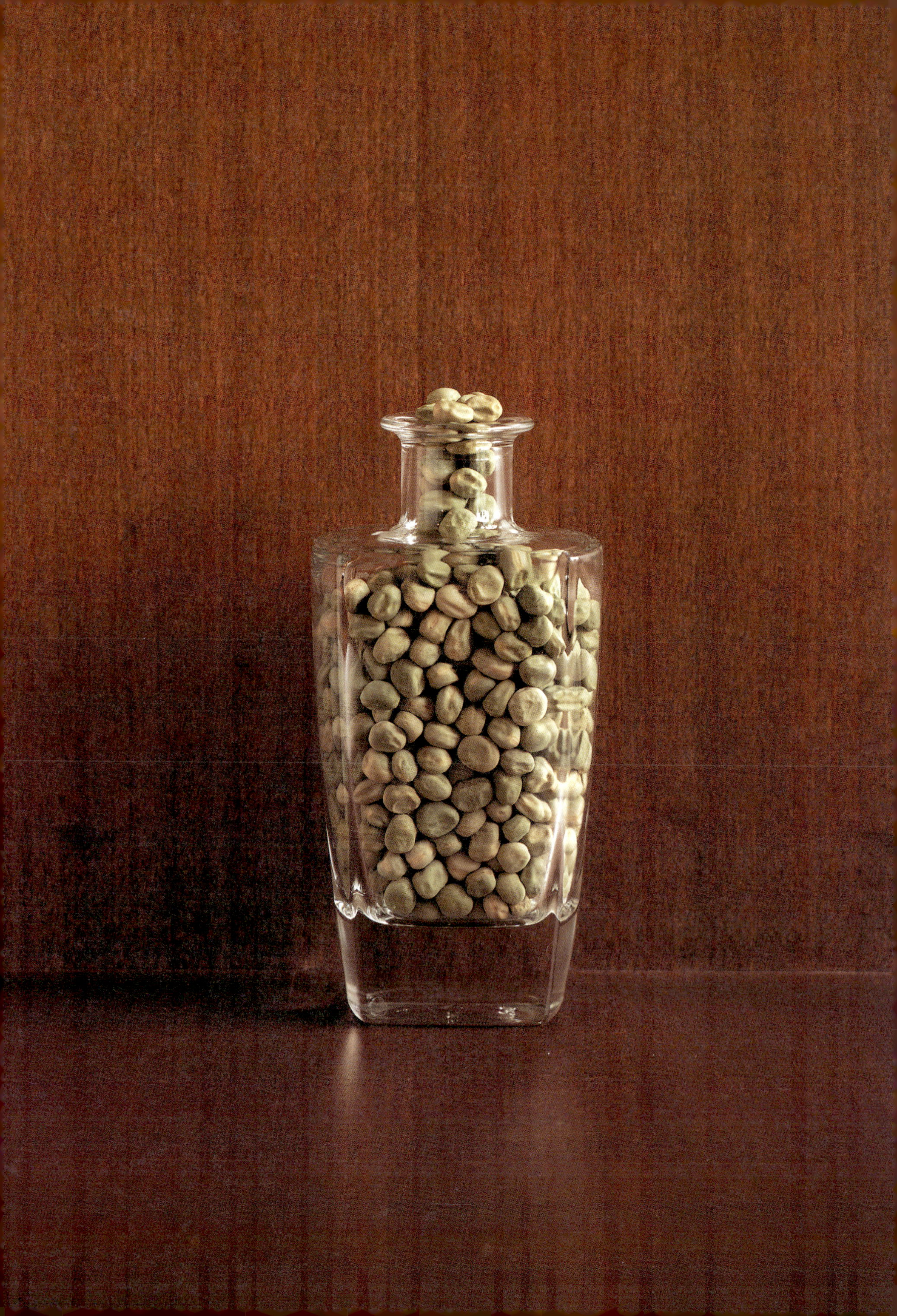

えんどう豆

世界中で最も古い豆のひとつとされ、完熟したえんどうの豆を乾燥させたもの。ここでは、青えんどう豆を使います。小さいながらも濃厚な味。

材料・4人分
えんどう豆（ゆでたもの）　2カップ
じゃが芋　2個
にんにく　2〜3片
玉ねぎ　2個
オリーブオイル　大さじ3〜4
クローブ　2個
カルダモン　2個
ローリエ　1〜2枚
シナモンパウダー　少々
黒粒こしょう　10粒
スープまたは水　3カップ
塩　適量
チャパティ
| 細かく挽いた全粒粉、水　各適量
| 小麦粉　少々
| オリーブオイル　適量

じゃが芋とえんどう豆のカレー＆チャパティ

1. じゃが芋は皮をむいてひと口大の角切りにする。にんにくと玉ねぎはみじん切りにする。
2. 鍋にオリーブオイル、にんにく、玉ねぎ、クローブ、カルダモン、ローリエ、シナモンパウダー、黒粒こしょうを入れて火にかけて炒め、十分に香りを出す。
3. 玉ねぎが薄い茶色になるまで炒めたらスープを注ぎ、15〜20分グツグツと煮る。
4. じゃが芋を加えて弱火で10分ほど煮、えんどう豆を加えてさらに煮る。塩とこしょうで味を調える。
5. チャパティを作る。全粒粉に水を少しずつ加えて混ぜ、耳たぶ程度のかたさにこね、30分ほどねかせる。
6. 適量ずつ分けてめん棒などで薄く丸くのばし、小麦粉をふる。多めのオリーブオイルを熱したフライパンで両面きつね色に焼く。
7. 器にカレーを盛り、チャパティを添える。

材料・4人分
えんどう豆（ゆでたもの）　2カップ
えんどう豆のゆで汁　適量
玉ねぎ　1/2個
バター　大さじ2
生クリーム　1/2カップ
塩、こしょう　各少々

えんどう豆のクリームスープ

1. 玉ねぎとにんにくはみじん切りにする。
2. 鍋にバターを熱して玉ねぎを炒め、玉ねぎがしんなりしたらえんどう豆を加え、えんどう豆のゆで汁と水を注いでかぶるくらいにし、弱火で20〜30分コトコトと煮る。
3. 2をミキサーに移して攪拌し、なめらかにする。
4. 鍋にもどし、生クリームを加えて温め、塩とこしょうで味を調える。

とろりと煮くずれたじゃが芋は、カレーといえどもやさしい味わい。
全粒粉のチャパティがよく合います。

作り方　P.43

じゃが芋とえんどう豆のカレー＆チャパティ

うまみがギュッと詰まったえんどう豆をコトコト煮込むと、
濃厚で味わい深いスープに仕上がります。 ─────────────────── 作り方　P.43

えんどう豆のクリームスープ

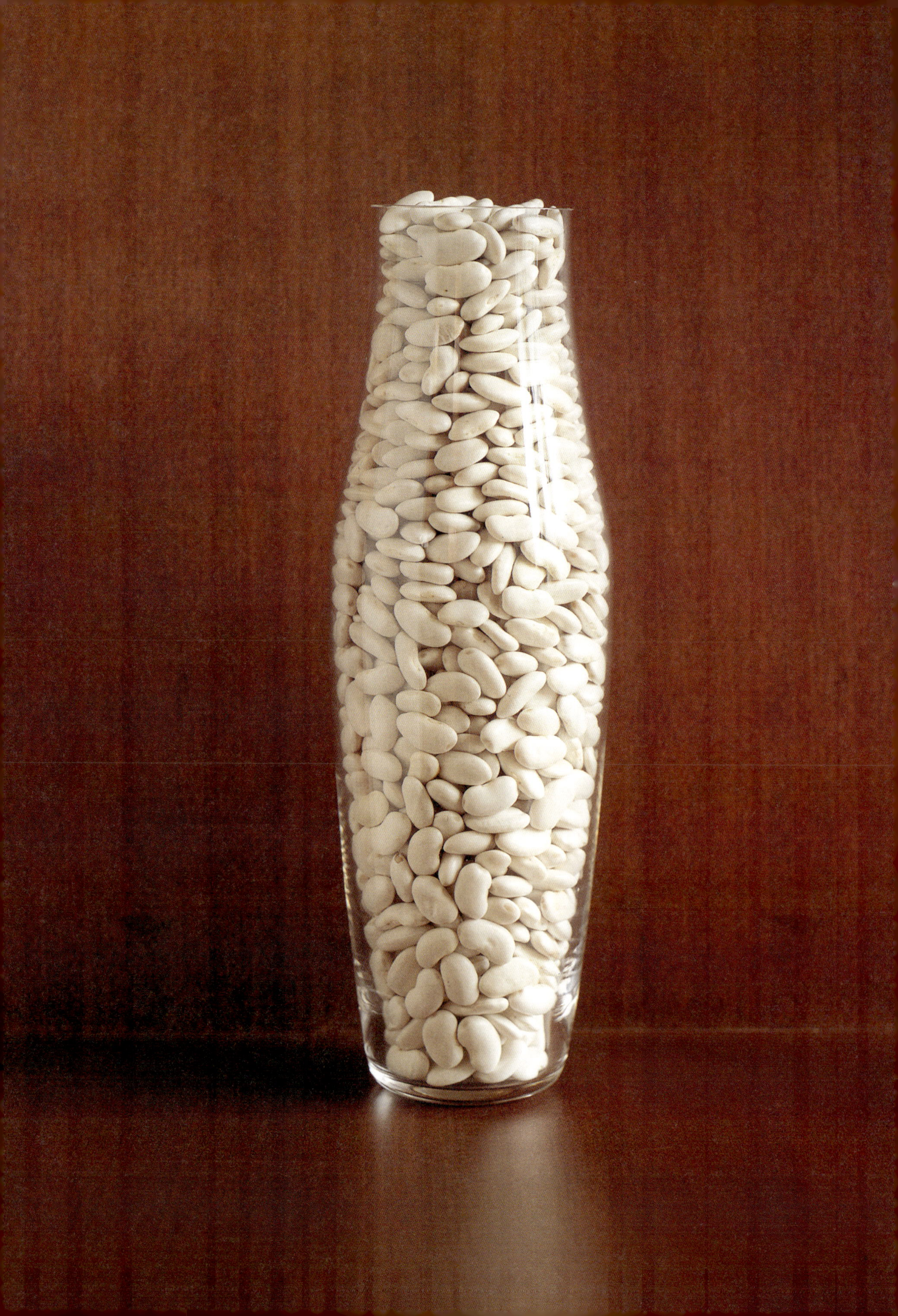

いんげん豆

いんげん豆の種類は多く、うずら豆、とら豆、金時豆なども仲間。ここでは、白いんげん豆の中で最も風味豊かな大福豆を使います。

いんげん豆の白いシチュー

材料・4人分
いんげん豆(ゆでたもの)　1½カップ
玉ねぎ　½個
かぶ　3個
カリフラワー　½個
バター　大さじ2
スープ　適量
牛乳または生クリーム　½カップ
塩　少々
コーンスターチ　適量

1. 玉ねぎはみじん切りにする。かぶは皮をむいてひと口大に切り、カリフラワーは小房に分ける。
2. 鍋にバターを熱して玉ねぎを炒め、甘みが出たらかぶ、カリフラワー、いんげん豆を加え、スープをひたひたに注いで煮る。
3. 野菜がやわらかくなったら牛乳を加えて塩で味を調え、コーンスターチを水適量で溶いて回し入れ、とろみをつける。

いんげん豆の辛いスープ

材料・4人分
いんげん豆(ゆでたもの)
　2～2½カップ
玉ねぎ　½個
にんにく　1片
トマト　2個
オリーブオイル　大さじ2
スープ　4カップ
塩　少々
タバスコ　適量
香菜　適量

1. 玉ねぎとにんにくはみじん切りにし、トマトは細かく刻む。
2. 鍋にオリーブオイル、玉ねぎ、にんにくを入れて火にかけてよく炒め、スープを注ぎ、いんげん豆とトマトを加えて味がなじむまで煮る。
3. 塩で味を調え、タバスコをふって好みの辛さに仕上げる。香菜を刻んで混ぜる。

いんげん豆と白い色の野菜を組み合わせた、
体にも心にもやさしいあったかシチューです。

作り方　P.47

いんげん豆の白いシチュー

まさに豆を食べるためのスープ。
タバスコとコリアンダーでちょっぴりエキゾチックな味わい。 　　　　　　　　　　　　作り方　P.47

いんげん豆の辛いスープ

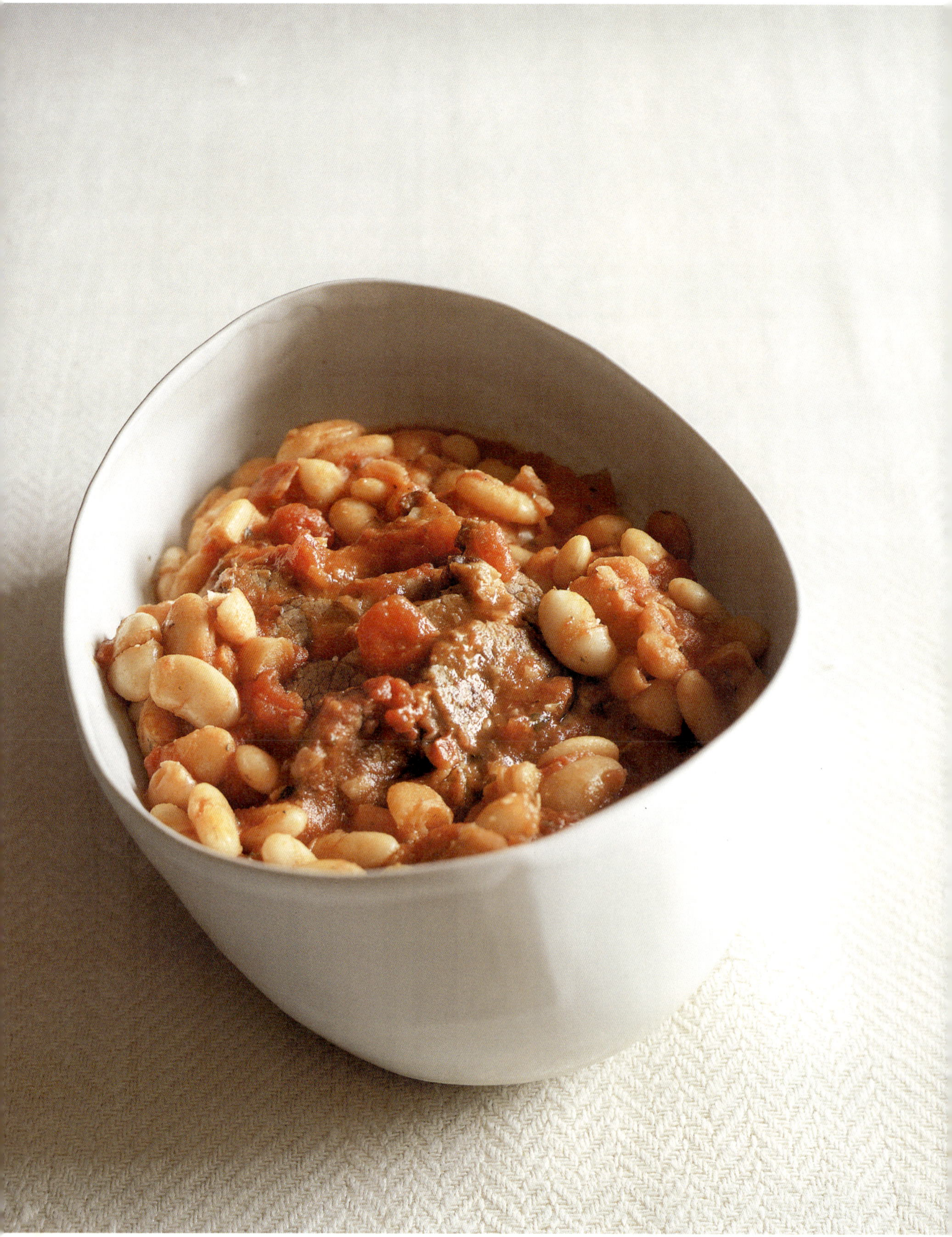

材料・4人分
いんげん豆　2〜3カップ
豚肩ロース肉（かたまり）　500g
塩、こしょう　各少々
オリーブオイル　大さじ3
にんにくのみじん切り　1片分
玉ねぎのみじん切り　1/2個分
白ワインまたはスープ　適量
トマト水煮缶　1缶
ローリエ　1〜2枚
オレガノ（ドライ）　適量

豚肉といんげん豆のトマト蒸し煮

肉のうまみを吸ったいんげん豆のおいしさはピカイチ。バゲットにもパスタにも玄米ごはんにも合います。

1・豚肉は塩とこしょうをふっておく。
2・鍋にオリーブオイルを熱して豚肉を入れ、表面全体に焼き色をつけ、
　　にんにくと玉ねぎを加えて炒める。
3・2に白ワインを肉の半分の高さまで注ぎ入れ、煮立ったらアクをとり、弱火にしてグツグツと煮る。
4・汁気が半分程度になったら、いんげん豆、トマト水煮缶、ローリエを加え、
　　コトコトと煮て汁気をからませる。仕上げにオレガノを散らす。
5・豚肉を取り出して食べやすい大きさに切り分け、残った4とともに器に盛る。

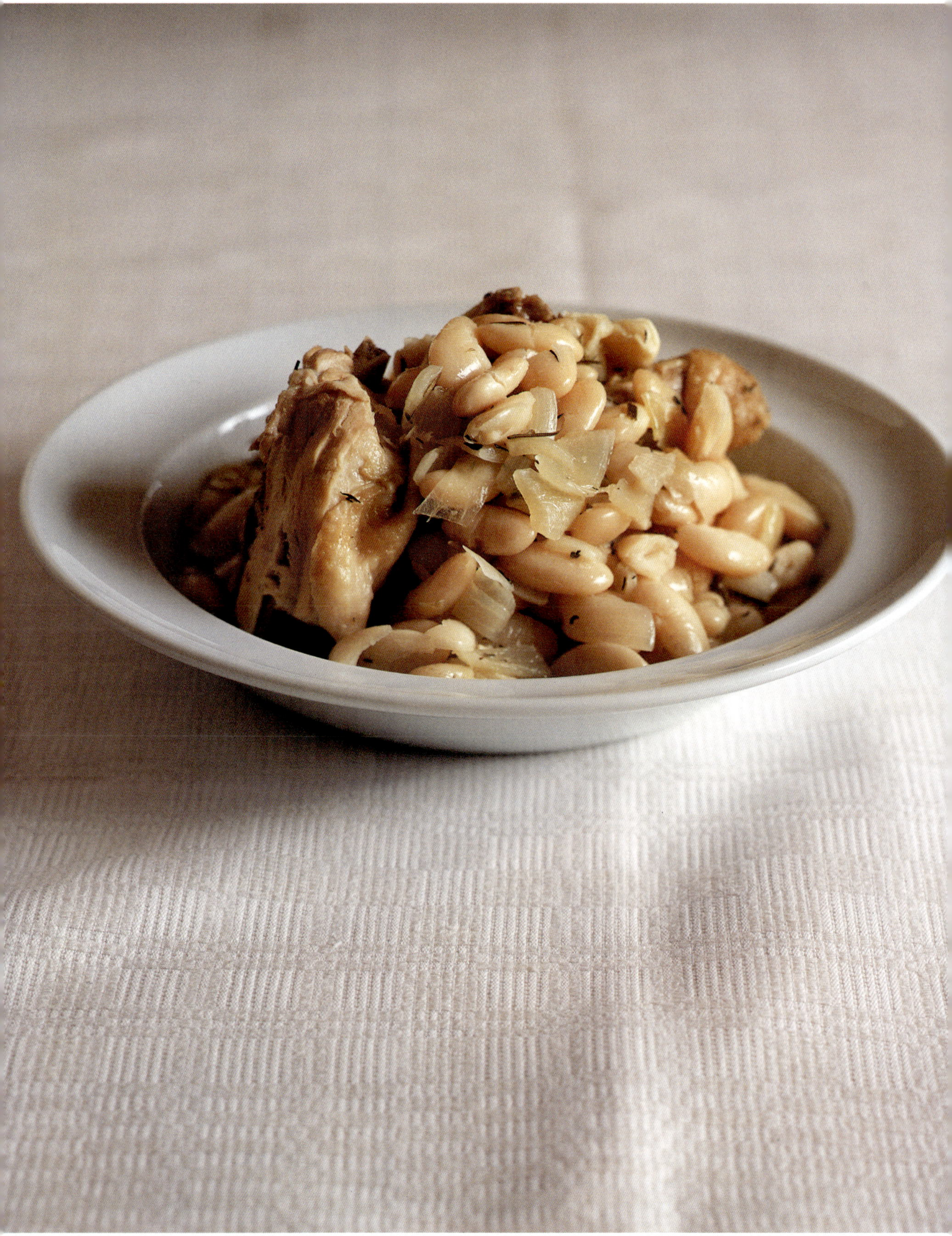

鶏肉といんげん豆のシンプル蒸し煮

にんにくとタイムの香りをきかせた塩味ベース。上質の豆とおいしい地鶏を骨つきのまま使うのが最高。

材料・4人分
いんげん豆　2～3カップ
鶏肉　½羽分
玉ねぎ　½個
にんにく　2～3片
白ワイン　2カップ
ローリエ　2枚
タイム　小さじ1
塩、こしょう　各少々

1 • 鶏肉はぶつ切りにする。玉ねぎは1cm角に切り、にんにくはたたきつぶす。
2 • 鍋に鶏肉を入れ、白ワインを肉の半分の高さまで注ぎ入れ、玉ねぎ、にんにく、ローリエ、ちぎったタイムを加えて火にかけ、煮立ったらアクをとり、弱火にしてコトコトと煮る。汁気が少なくなったら随時水を足す。
3 • 汁気が半分程度になったら塩とこしょうをし、いんげん豆を加え、汁気が少なくなるまでさらにコトコトと煮る。

1 • いんげん豆は温かいものを用意する(冷凍したものを湯煎にかけて温めたり、レンジ加熱)。
2 • フードプロセッサーにいんげん豆、バター、生クリーム、塩を入れて攪拌し、なめらかにする。

マッシュポテトのいんげん豆バージョン。
魚のバター焼きや塩焼きのつけ合わせにもぴったりです。

材料・4人分
いんげん豆(ゆでたもの)　2カップ
バター　20g
生クリーム　大さじ3
塩　少々

マッシュビーンズ

1 • いんげん豆を器に盛り、オリーブオイルをたっぷりとかけ、塩をふる。

いちばんシンプルでベーシックな食べ方がこれ。
オリーブオイルと塩は、なめておいしいと感じるものを使います。

材料・4人分
いんげん豆（ゆでたもの）　適量
オリーブオイル　適量
塩　適量

いんげん豆のオリーブオイルがけ

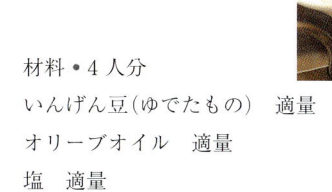

1 • えびは背ワタをとってゆで、尾を残して殻をむく。
玉ねぎは薄切りにして冷水で洗って水気をきる。イタリアンパセリはみじん切りにする。
2 • ボウルに1といんげん豆を入れ、レモン汁、オリーブオイル、塩、こしょうを加えてあえる。

えびといんげん豆のサラダ

材料・4人分
いんげん豆(ゆでたもの)　2カップ
車えびまたは大正えび　15尾くらい
玉ねぎ　1/2個
イタリアンパセリ　適量
レモン汁　大さじ1 1/2
オリーブオイル　大さじ3〜4
塩、こしょう　各少々

レモンの酸味と玉ねぎのシャキシャキ感がアクセント。
キリリと冷えた白ワインとよく合います。

1 • じゃが芋は皮をむき、塩を加えた湯でやわらかくゆでて水気をきる。玉ねぎはみじん切りにし、布巾などに包んで手でもみ洗いする。イタリアンパセリはみじん切りにする。
2 • ボウルに1といんげん豆を入れ、レモン汁、ケイパーの酢漬け、オリーブオイル、塩、こしょうを加えてよくあえる。

じゃが芋といんげん豆のサラダ

材料・4人分
いんげん豆（ゆでたもの）　2カップ
じゃが芋　2個
玉ねぎ　½個
イタリアンパセリ　3〜5本
レモン汁　大さじ2
ケイパーの酢漬け　大さじ1
オリーブオイル　大さじ3
塩、こしょう　各少々

ケイパーで味を引き締めた定番サラダ。
じゃが芋が少しねっとりするくらいまでよく混ぜると、味がなじんでおいしいの。

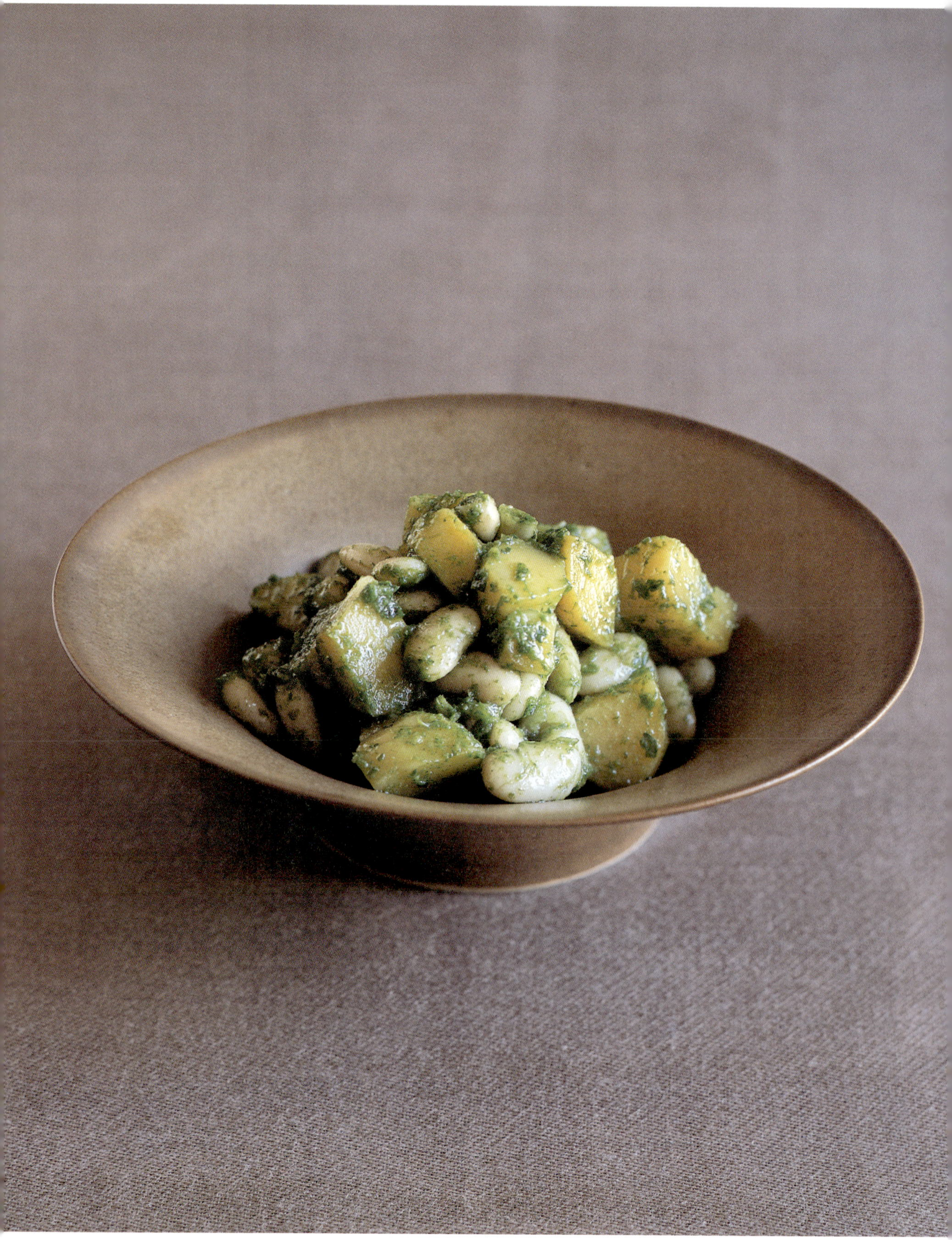

グリーンソースのサラダ

香り高いグリーンソースで豆とじゃが芋をあえたちょっぴりイタリアンな一品。
ソースはパスタや焼き魚のソースとして使っても。

材料・4人分
いんげん豆(ゆでたもの)　1½カップ
じゃが芋　2個
ソース
　にんにく　½片
　ルッコラ　3本
　イタリアンパセリ　2本
　オリーブオイル　大さじ2
　塩　少々

1 • じゃが芋は皮ごとゆでて皮をむき、小さめのひと口大に切る。
2 • ソースの材料をブレンダーまたはミキサーにかけて攪拌し、なめらかにする。
3 • ボウルに1といんげん豆を入れ、2のソースを加えてあえる。

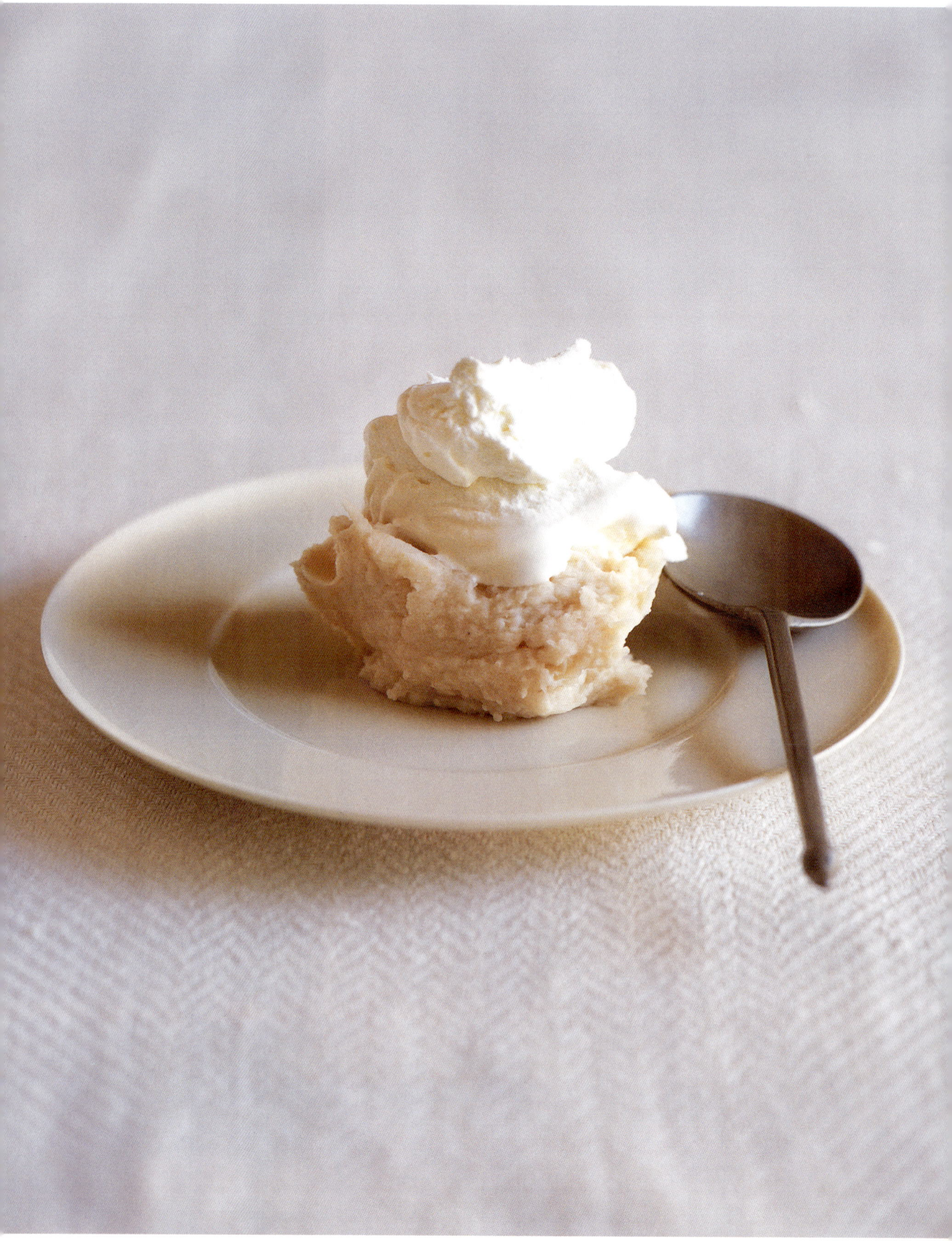

材料・4人分
いんげん豆（ゆでたもの）　1カップ
砂糖　大さじ1
ホイップクリーム
　生クリーム　適量
　砂糖　少々

豆クリーム

ゆでておいたいんげん豆を使った簡単スイーツ。
豆本来の甘さを楽しみたいので、砂糖の量は控えめに。上白糖でも和三盆でも好きなものを。

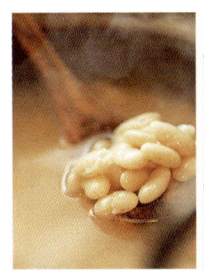

1・いんげん豆と砂糖をフードプロセッサーに入れて撹拌し、なめらかにする。
2・生クリームに砂糖を加えて8分立てにし、ホイップクリームを作る。
3・器に1を盛り、2をのせる。

1・いんげん豆はフードプロセッサーで攪拌してなめらかにする。アイスクリームは常温において少しやわらかくする。
2・1を合わせてふたつきのバットなどに流し入れ、表面を平らにし、冷凍庫でかためる。
3・ディッシャーなどを使って器に盛りつける。

豆の皮を感じる舌触りと風味が、のほほん和テイスト。
バニラアイスのほか、チョコアイスを使ってもいいかも。

豆アイス

材料・4人分
いんげん豆(ゆでたもの)　1カップ弱
バニラアイスクリーム　1カップ

1 • ボウルにいんげん豆を入れ、はちみつをひたひたに注ぎ、
　　シナモンパウダーまたはシナモンスティックを混ぜて少しおく。
2 • 汁ごと器に盛り、シナモンスティックを添える。

すぐ食べてもおいしいし、2〜3日して味がなじんでから食べてもいいの。
シロップよりはちみつが合います。

いんげん豆のシナモンはちみつ漬け

材料・4人分
いんげん豆(ゆでたもの)　1カップ
はちみつ　適量
シナモンパウダー　適量
シナモンスティック(あれば)　適量

ペーストを作る

P.60の豆クリームやP.72のフムス、P.74のファラフェルなど、ゆでた豆をペースト状にして仕上げる料理のおいしさは、また格別。「ペーストにする」は、なめらかな舌触りとともに豆の風味と味を存分に味わえる手法といえます。ペーストにしたものを冷凍保存しておけば、解凍してオリーブオイルをかけて食べたり、スープやグラタンなど、アイディア次第でいろいろな料理に使えるのも魅力。ここでは使い道の多い基本のペーストの作り方をひよこ豆を使って紹介します。大豆、いんげん豆、レンズ豆でも同様に作れます。

A

用意する材料は、ゆでたひよこ豆2カップ、オリーブオイル小さじ2くらい、塩ひとつまみ、レモン汁½個分。

B

C

フードプロセッサーにひよこ豆、オリーブオイル、塩、レモン汁を入れる。

D

攪拌してなめらかにしていく。

E

ポソポソしていると思ったら、ひよこ豆のゆで汁を少量加え、なめらかになるまで攪拌する。

F

ファスナーつき冷凍バッグに小分けにして入れ、できるだけ空気を抜いて平らにし、冷凍庫で保存。

ペーストをアレンジして

フムス

ペーストを作るときに、クミンパウダー、
にんにくとこしょうも加えて撹拌。
器に盛り、オリーブオイルを
たっぷりとかける。
作り方はP.72参照。

ファラフェル

ペーストを作るときに、
卵黄、小麦粉、にんにく、玉ねぎ、
香菜、クミン、粉唐辛子も加えて撹拌。
オリーブオイルできつね色に揚げる。
作り方はP.74参照。

ブリニ風カナッペ

ペーストを作るときにオリーブオイル、塩、レモン汁は入れずに、卵黄1個分を加えて撹拌。
ひと口大にまとめてオリーブオイルを熱したフライパンに並べ入れ、
塩をふりながら両面きつね色に焼く。
ホイップした生クリームまたはサワークリームをのせ、キャビアをのせる。
キャビアの代わりにイクラでも。

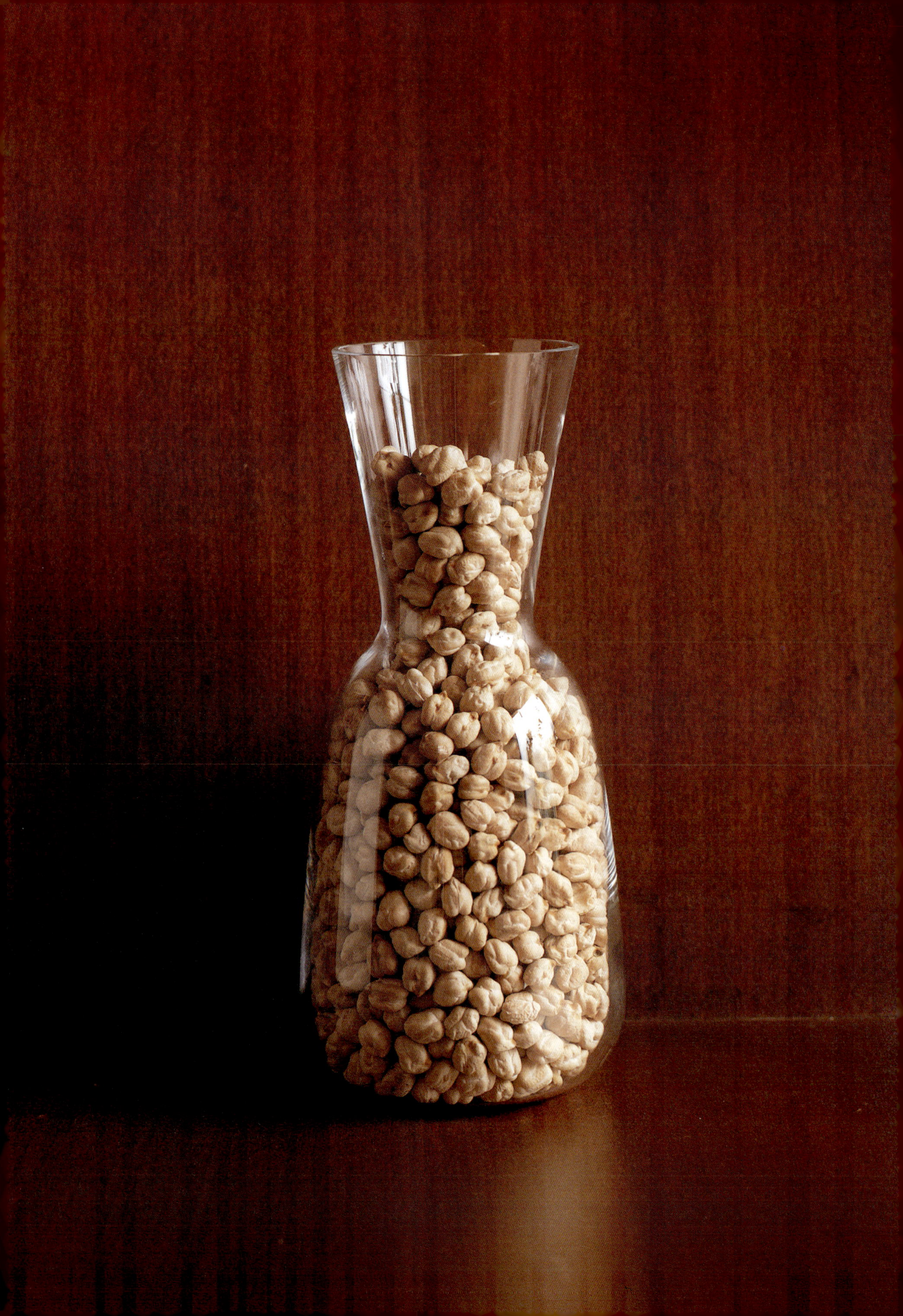

ひよこ豆

ガルバンゾ、エジプト豆とも呼ばれていて、ヨーロッパ、インドなどでは常食されている豆のひとつ。木の実のような香ばしい風味。

ひよこ豆のスープ

材料・4人分
ひよこ豆(ゆでたもの)　2カップ
玉ねぎ　1/2個
にんにく　1片
オリーブオイルまたはバター　適量
スープ　適量
塩、こしょう　各少々

1・玉ねぎとにんにくはみじん切りにする。
2・鍋にオリーブオイルを熱して玉ねぎとにんにくを炒め、ひよこ豆を加えてざっと炒め合わせる。
3・スープをひたひたに加え、煮立ったら弱火にして15分ほど煮る。
4・塩とこしょうで味を調え、とろみを出して口当たりをよくするために、ひよこ豆を少しつぶす。

ひよこ豆のサラダ

材料・4人分
ひよこ豆(ゆでたもの)　1カップ
プチトマト　7〜8個
きゅうり　1/2本
パプリカ(オレンジ)　1/2個
ラディッシュ　5〜6個
玉ねぎ　1/2個
にんにく　1片
ミント、香菜　各適量
赤唐辛子　1本
レモン汁　大さじ2〜3
オリーブオイル　大さじ3
塩、こしょう　各少々

1・プチトマトはヘタをとって縦4つ割りにする。きゅうり、パプリカ、ラディッシュはひよこ豆の大きさに合わせて切る。玉ねぎは薄切り、にんにくはみじん切りにする。
2・ミントと香菜は手でちぎり、赤唐辛子は種をとって細かくちぎる。
3・ボウルに1と2を合わせ、レモン汁、オリーブオイル、塩、こしょうを加えてあえる。

ひよこ豆をクツクツ煮ただけのシンプルスープ。
ひよこ豆はなかなか煮くずれないので、あえて少しつぶしてとろみをつけます。 ——— 作り方　P.69

ひよこ豆のスープ

シャキシャキの生野菜をいろいろ取り合わせて、ひよこ豆サイズに切るのがポイント。
豆の食感に負けないくらい、それぞれの素材の歯ごたえを楽しみます。———————— 作り方　P.69

ひよこ豆のサラダ

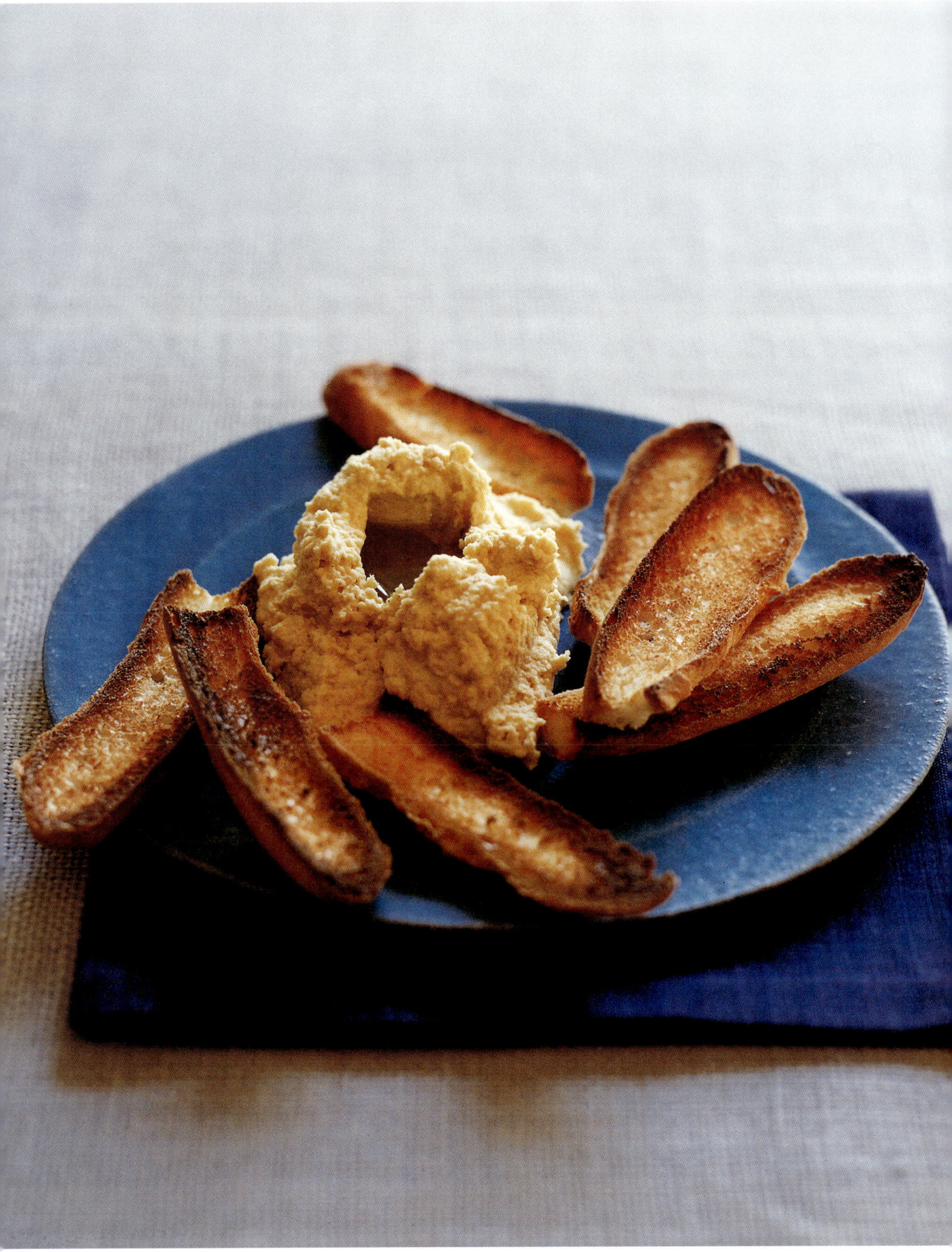

材料・4人分
ひよこ豆(ゆでたもの) 2カップ
ひよこ豆のゆで汁 大さじ1くらい
にんにく 1片
塩 ひとつまみ
こしょう 適量
クミンパウダー 少々
レモン汁 1/2個分
オリーブオイル 適量
バゲット 適量

フムス

なめらかな豆のおいしさをオリーブオイルとともに存分に楽しむ、ひよこ豆のペースト。
カリッと焼いたバゲットにたっぷりのせて召し上がれ。

1・フードプロセッサーににんにくを入れて撹拌し、みじん切りにする。
2・1にひよこ豆を入れてさらに撹拌し、塩、こしょう、クミンパウダー、レモン汁、
　 オリーブオイル、ひよこ豆のゆで汁を加えてさらに撹拌してなめらかにする。
3・器に盛り、中央にくぼみを作り、オリーブオイルをたっぷりと入れる。
4・焼いたバゲットを添え、ペーストの山をくずしながら
　 オリーブオイルとともにバゲットにのせて食べる。

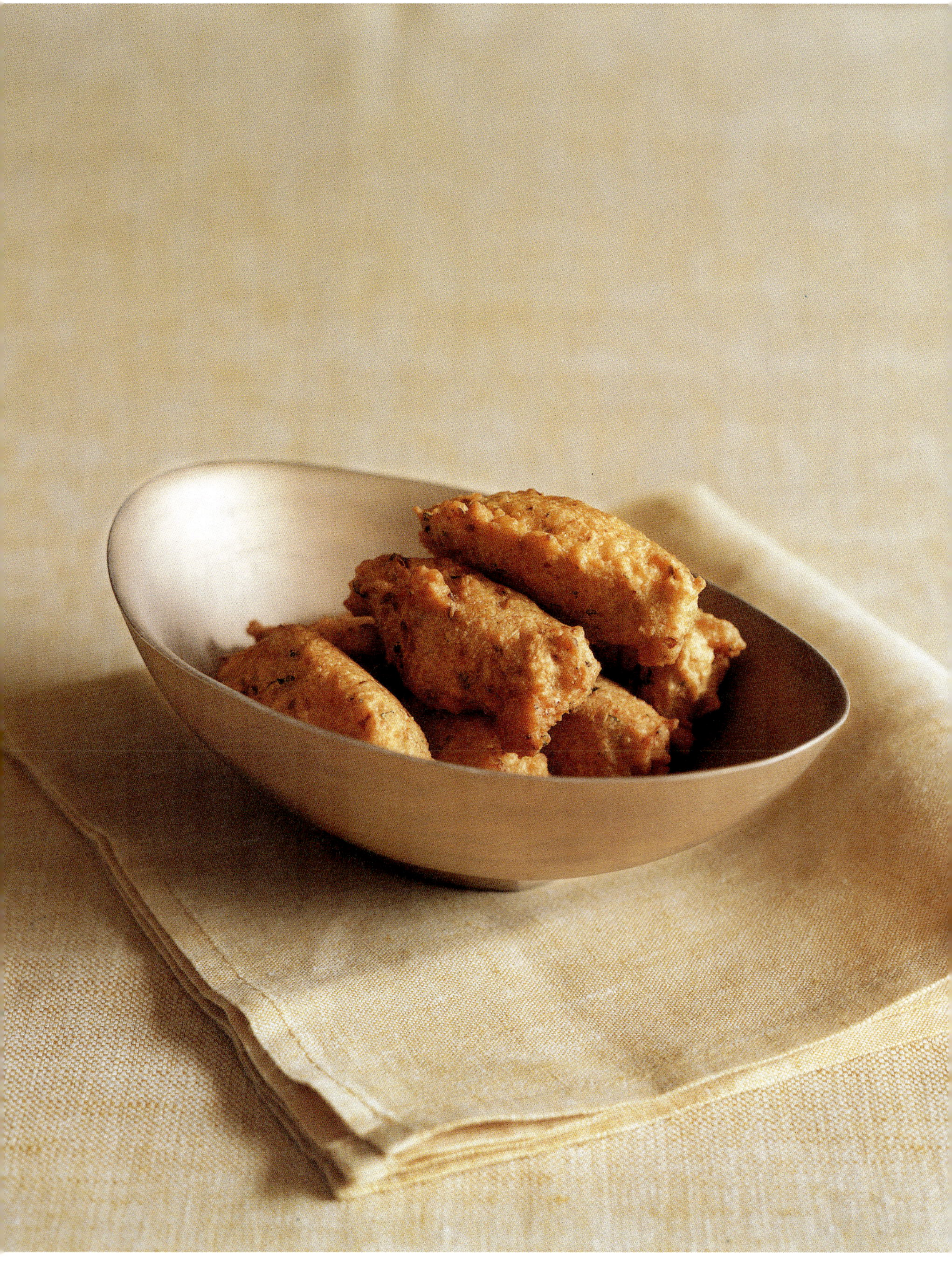

材料・4人分
スパイシーなペースト
　ひよこ豆（ゆでたもの）　1カップ
　卵黄　½個分
　小麦粉　大さじ2〜3
　にんにくのみじん切り　1片分
　玉ねぎのみじん切り　¼個分
　香菜、クミン、塩　各少々
　粉唐辛子または赤唐辛子のみじん切り　小さじ½
オリーブオイル　適量

ファラフェル

本来はそら豆を使ってミニハンバーグの形に仕上げる中東の料理ですが、ひよこ豆で作ってもおいしいの。
スパイシーで、オリーブオイルで揚げるとカリッと香ばしいのが魅力。

1 • ペーストの材料をフードプロセッサーにかけて、なめらかになるまで撹拌する。
2 • オリーブオイルを中〜高温に熱し、1をスプーンを使って
　　ひと口大にまとめて落としていき、きつね色になるまで揚げる。

1 • ボウルにひよこ豆と玄米ごはんを入れ、
  オリーブオイルを加えてあえ、塩で味を調える。

材料・4人分
ひよこ豆（ゆでたもの）　1カップ
玄米ごはん（温かいもの）　2カップ
オリーブオイル　適量
塩　適量

玄米ごはんとひよこ豆のオイルあえ

玄米ごはんとオリーブオイルってすごく合うんです。
ごはんとして食べてもいいし、
ローストした肉や魚のつけ合わせにもします。

1 • 鍋にクスクスを入れ、熱湯をひたひたに注いでよく混ぜ、ふたをして10分ほどおいて蒸らす。
2 • にんにくはみじん切りにし、ディルと香菜はちぎり、赤唐辛子は小口切りにする。
3 • 1にオリーブオイルを加えて中火にかけ、よく混ぜて全体をパラパラにする。
4 • ボウルに移し、ひよこ豆と2を加え、レモン汁と塩で味を調える。葉野菜を敷いた器に盛る。

ひよこ豆のクスクス

材料・4人分
ひよこ豆（ゆでたもの）　1カップ
クスクス　1カップ
にんにく　1片
ディル、香菜　各適量
赤唐辛子　1～2本
オリーブオイルまたはバター　適量
レモン汁、塩　各適量
葉野菜　適量

ひよこ豆は中東の味がよく合います。
クスクスとの相性だってバッチリ。
主食として、また、肉料理のつけ合わせやパンを添えても。

1 • トマトソースを作る。鍋にオリーブオイルとにんにくを入れて火にかけて炒め、
香りが立ったらトマト水煮缶を加えてつぶし、2/3量以下になってとろりとするまで煮詰める。
2 • ほうれん草は葉を摘む。にんにくと玉ねぎはみじん切りにする。
3 • 鍋にオリーブオイルを熱してにんにくと玉ねぎを炒め、ひよこ豆を加えてざっと炒め合わせ、
トマトソース1カップ、塩、こしょうを加えて15分ほど煮る。汁気がなくなりそうだったら水適量を加える。
4 • ほうれん草を加えてクタクタになるまでさらに煮、塩とこしょうで味を調え、仕上げにオリーブオイルを回しかける。

ひよこ豆と青菜の煮込み

材料・4人分
ひよこ豆(ゆでたもの)　2カップ
ほうれん草　1束
にんにく　1片
玉ねぎ　1/2個
オリーブオイル　適量
塩、こしょう　各少々
トマトソース(作りやすい分量)
　トマト水煮缶　1缶
　にんにく(芯をとってたたいたもの)　2片分
　オリーブオイル　大さじ1〜2

ほうれん草がクタッとなって汁気がなくなってしまうほど煮込んでしまう、おかず風。
小松菜で作ってもおいしいの。トマトソースも簡単だから、ぜひ手作りしてください。

1・鍋にたっぷりの湯を沸かし、塩とセージを加え、パスタを入れてゆでる。
2・ゆであがったらザルにあけて水気をきる。
3・2を鍋にもどし、ひよこ豆、セージ、オリーブオイルを加えてよくあえる。
4・器に盛り、好みでオリーブオイルと塩をふって食べる。

材料・4人分
ひよこ豆(ゆでたもの)　1カップ
ショートパスタ　300gくらい
セージ　適量
オリーブオイル　適量
塩　適量

ひよこ豆のパスタ

塩とセージ、オリーブオイルの香りでいただく我が家の定番パスタです。
スパゲッティよりも、ペンネなどのショートパスタがひよこ豆にはよく合います。

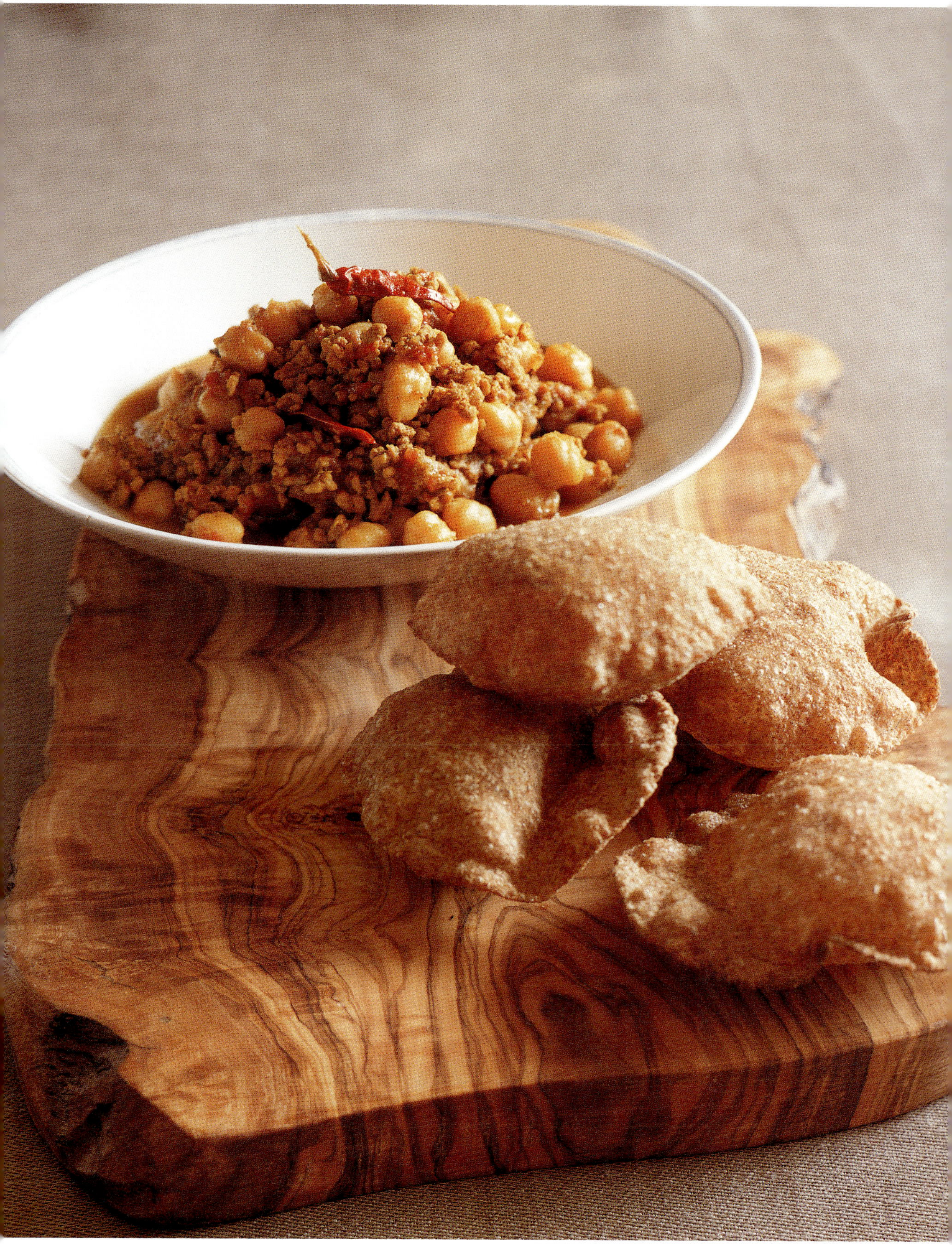

ひよこ豆のカレー＆プーリ

材料・4人分
ひよこ豆(ゆでたもの)　2カップ
豚ひき肉　200ｇ
にんにくのみじん切り　2片分
玉ねぎのみじん切り　1個分
カルダモン　2〜3粒
クローブ　5〜6個
オリーブオイル　適量
カレー粉　大さじ2〜3
シナモンパウダー、クミン、
　コリアンダー、黒粒こしょう　各少々
トマトソース　1カップ
赤唐辛子　1〜2本
スープまたは水　適量
プーリ
　｜全粒粉、強力粉　各適量
　｜水　適量
　｜オリーブオイル　適量

ひよこ豆の料理でやっぱり欠かせないのがカレー。スパイスと組み合わせることによって豆本来の力強さを発揮します。

1 • 鍋にオリーブオイル、にんにく、玉ねぎ、カルダモン、
　　クローブを入れて火にかけて熱し、香りが出るまで炒める。
2 • 1に豚ひき肉を加えてカリッとするくらいまでよく炒め、カレー粉、
　　シナモンパウダー、クミン、コリアンダー、黒粒こしょうを加えてさらに炒める。
3 • ひよこ豆、トマトソース、赤唐辛子を入れ、スープをひたひたに注ぎ、汁気が少なくなるまで煮込む。
4 • プーリを作る。全粒粉と強力粉を1対1の割合で合わせ、水を少しずつ加えて混ぜ、
　　耳たぶ程度のかたさにこね、30分ほどねかせる。
5 • 適量ずつに分けてめん棒などで薄く丸くのばし、高温に熱したオリーブオイルで揚げる。
　　プクッと膨らんだら取り出して油をきる。
6 • 器にカレーとプーリを盛り、カレーをプーリにはさんだりのせたりして食べる。

ちょっぴり残った豆で

数種類の豆をゆでてストックしておくと、少しずつ残ってしまうということだってあります。そんなときは、残っている豆をミックスして、サラダに、スープに、デザートにと活用します。逆にいえば、ゆでた豆がいろいろあるからこそ、ミックス豆の料理が手軽に作れるというわけです。表情の違うそれぞれの豆が一皿に入っているのって、ちょっと楽しいですよね。

いろいろ豆のマリネ

玉ねぎの薄切り、タイム(ドライ)、フェンネル(ドライ)、フェンネルシード(あれば)、塩、黒粒こしょうをボウルに入れ、酢またはワインビネガー、オリーブオイルを1対3の割合で加えて混ぜる。ひよこ豆、いんげん豆、黒豆(それぞれゆでたもの)を加え、味がなじむまでおく。

このままワインのおつまみにするほか、ラムの香草焼きのつけ合わせにも。

いろいろ豆のシロップ漬け

鍋にグラニュー糖と水を2対3の割合で混ぜ、バニラビーンズ、クローブ(あれば)、
そして甘さを引き立てるために塩をほんの少し入れ、ひと煮立ちさせて冷ます。
ボウルに移し、いんげん豆、小豆、黒豆、えんどう豆、レンズ豆(それぞれゆでたもの)を加える。
保存瓶などに入れて味がなじむまでおく。

そのままおやつとして食べるほか、
寒天を加えて豆寒天にしても。

いろいろ豆のスープ

にんにくのみじん切りと玉ねぎのみじん切りをオリーブオイルで炒め、ひよこ豆、
いんげん豆、大豆、えんどう豆、レンズ豆(それぞれゆでたもの)、スープ、ローリエを加える。
煮くずれるくらいまで弱火でコトコトと煮て、塩とこしょうで味を調える。
好みで、クミンやカレー粉を入れてもいい。

レンズ豆を入れた野菜スープ

キャベツ、にんじん、トマト、玉ねぎを食べやすい大きさに切ってオリーブオイルで軽く炒め、
スープを注いでコトコトと煮、塩とこしょうで味を調える。これが野菜スープ。
ここへレンズ豆(乾燥したもの)を加え、さらに10～15分煮ればできあがり。
レンズ豆は乾燥豆の状態でスープに入れられるのが魅力。

レンズ豆といちごのデザート

グラニュー糖と水を1対3の割合で混ぜ、バニラビーンズを加えてひと煮立ちさせて冷まし、
シロップを作る。ここにレンズ豆(ゆでたもの)を浸して1〜2時間以上おいて味をなじませる。
器に盛り、半分に切って砂糖とレモン汁をまぶしたいちごをのせる。
その上にホイップした生クリームをトッピングしてもおいしい。

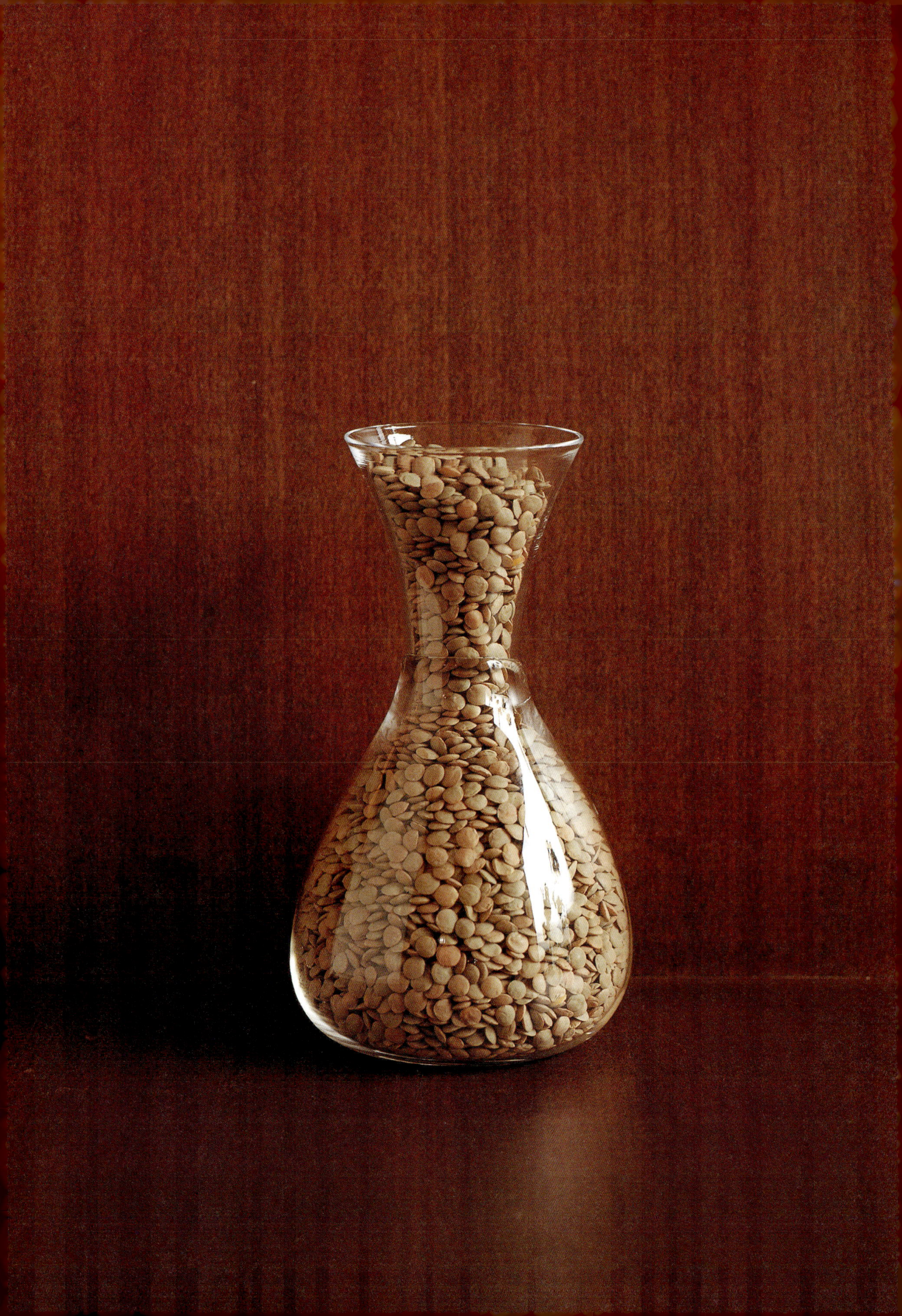

レンズ豆

聖書にも登場するほど世界最古の豆のひとつ。
カメラのレンズに形が似ていることから
この名がついたようですが、
お金の形にも似ていることから、縁起ものとして
イタリアでは大晦日によく食べます。

レンズ豆と栗のポタージュ

材料・4人分
レンズ豆（ゆでたもの）　1½カップ
レンズ豆のゆで汁　少々
玉ねぎ　½個
にんにく　1片
オリーブオイル　大さじ1½
甘栗　5〜6個
生クリーム　適量
こしょう　適量

1 • 玉ねぎとにんにくはみじん切りにする。
2 • 鍋にオリーブオイル、玉ねぎ、にんにくを入れて火にかけ、焦がさないようにして炒め、
　　レンズ豆と甘栗を加え、レンズ豆のゆで汁と水を注いでかぶるくらいにし、15〜20分コトコトと煮る。
3 • ミキサーに移してなめらかになるまで攪拌し、鍋にもどして温める。
4 • 器に盛り、生クリームをたらしてこしょうをふる。

レンズ豆とあさりのサラダ

材料・4人分
レンズ豆（ゆでたもの）　1カップ
あさり（殻つき）　400g
白ワイン　適量
にんにくのみじん切り　1片分
レモン汁　大さじ1
オリーブオイル　大さじ2
塩　適量
イタリアンパセリ　適量

1 • あさりは砂出しをして殻をこすり合わせて洗い、白ワインで蒸し、殻から身をはずす。蒸し汁は大さじ2〜3とっておく。
2 • ボウルにレンズ豆、あさり、あさりの蒸し汁、にんにく、レモン汁、オリーブオイル、塩を入れて味を調え、
　　イタリアンパセリを加えて少しおいて味をなじませる。

フワッとしたライトな口当たり、でも味は濃厚。
ボウルにたっぷりよそって、バゲットを添えれば、これだけで大満足。 ──── 作り方 P.87

レンズ豆と栗のポタージュ

イタリアでは"レンズ豆とあさりは出逢いもの"と言われているくらい好相性。
あさりのうまみが豆にしみ込んだ逸品です。 ──────作り方　P.87

レンズ豆とあさりのサラダ

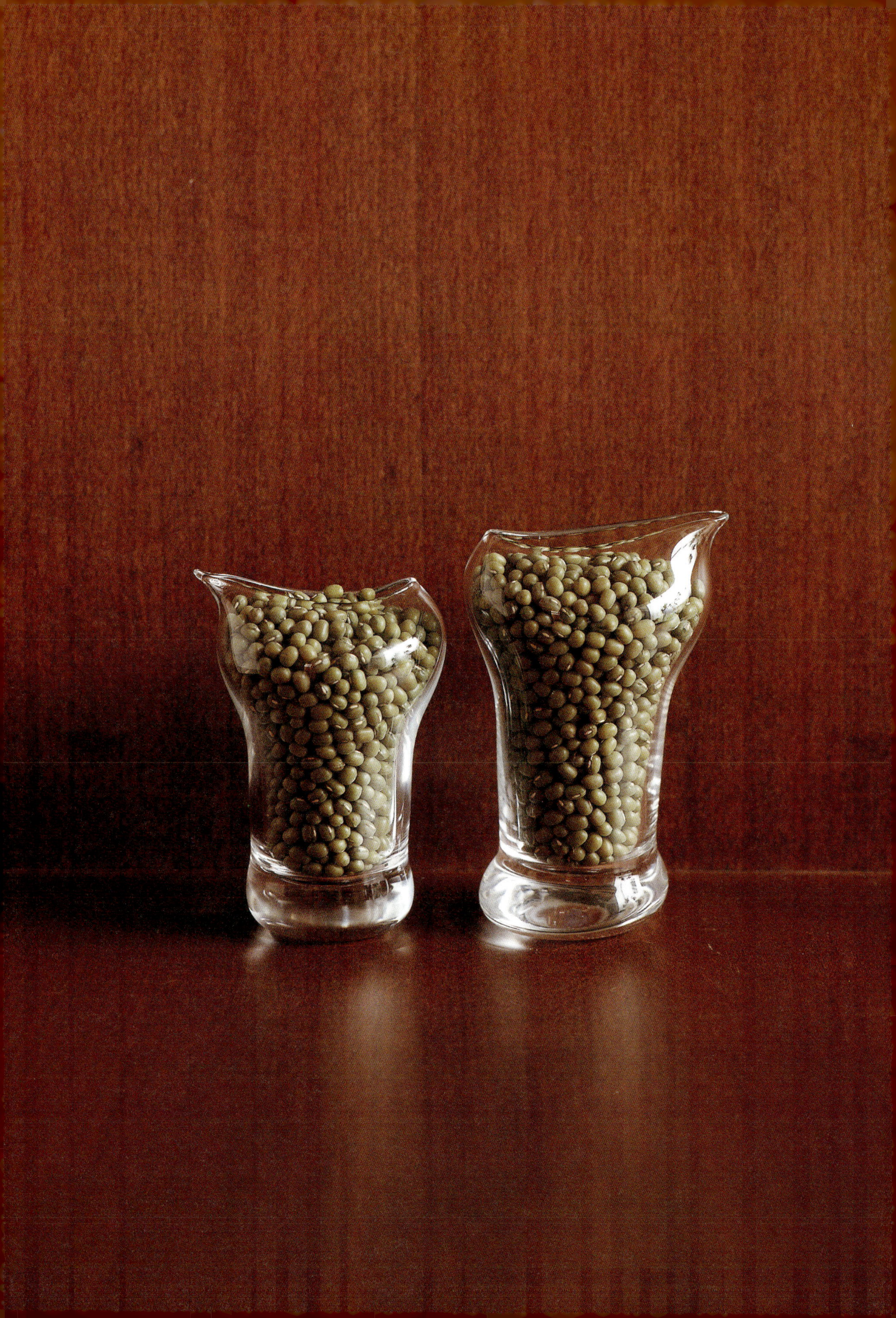

緑豆

小豆の近縁種で、緑豆もやしの原料としても有名。中国、東南アジアでよく使われます。ちっちゃいながらも甘みがあり、スイーツなどによく合います。

緑豆のココナッツミルクがけ

材料・4人分
緑豆（乾燥）　2カップ
砂糖　2/3カップ
塩　少々
シロップ
| 砂糖、水　各1カップ
ココナッツミルク　1カップ
細かく砕いた氷　適量

1. 緑豆は鍋に入れて水3カップを加え、2〜3時間おく。
2. 1をそのまま火にかけ、アクをとりながら豆がやわらかくなるまで15〜20分ゆで、砂糖と塩を加え、少し煮くずれるくらいまでコトコトと煮る。そのまま冷ます。
3. シロップを作る。砂糖と水を鍋に入れて火にかけて煮溶かし、冷ます。
4. グラスに緑豆、シロップ、ココナッツミルク、氷の順に重ねて入れる。

緑豆のおしるこ

材料・4人分
緑豆（乾燥）　2カップ
砂糖　2/3カップ
塩　少々
餅　2切れ

1. 緑豆は鍋に入れて水3カップを加え、2〜3時間おく。
2. 1をそのまま火にかけ、アクをとりながら豆がやわらかくなるまで15〜20分ゆで、砂糖と塩を加え、少し煮くずれるくらいまでコトコトと煮る。
3. 餅はやわらかくゆでて小さめのひと口大に切る。
4. 器に2と3を入れる。

かつてベトナムで出会ったデザート。そのおいしさが忘れられず、今では我が家の定番に。
長いスプーンでカシャカシャ混ぜながら食べます。　　　　　　　　　　　　　　　　　　　　　作り方　P.91

緑豆のココナッツミルクがけ

小豆とはまた違った風味のあっさり系。アツアツでも、冷たくしてもおいしいの。
ゆでた餅の代わりに焼いた餅や白玉団子を入れても。　　　　　　　　　　　　　　作り方　P.91

緑豆のおしるこ

INDEX

アンティパスト
- 大豆とアボカドのサラダ仕立て ... 16
- 豆腐のオイルがけ ... 26
- 豆腐のはちみつがけ ... 26
- おからのアーリオ・オーリオ ... 27
- 黒豆のサラダ ... 35
- マッシュビーンズ ... 54
- いんげん豆のオリーブオイルがけ ... 55
- えびといんげん豆のサラダ ... 56
- じゃが芋といんげん豆のサラダ ... 57
- グリーンソースのサラダ ... 58
- ブリニ風カナッペ ... 67
- フムス ... 72
- ファラフェル ... 74
- 玄米ごはんとひよこ豆のオイルあえ ... 76
- ひよこ豆のクスクス ... 77
- いろいろ豆のマリネ ... 82
- レンズ豆とあさりのサラダ ... 87

小鉢・おつまみ
- サクッとかき揚げ ... 11
- 大豆のおろしあえ ... 17
- 大豆の黒酢がけ ... 18
- 大豆の甘辛煮 ... 19
- 大豆のしょうゆ漬け ... 20
- 豆みそ ... 21
- 自家製厚揚げ ... 26

サラダ
- 大豆とアボカドのサラダ仕立て ... 16
- 黒豆のサラダ ... 35
- えびといんげん豆のサラダ ... 56
- じゃが芋といんげん豆のサラダ ... 57
- グリーンソースのサラダ ... 58
- ひよこ豆のサラダ ... 69
- レンズ豆とあさりのサラダ ... 87

スープ
- 大豆のカレースープ ... 14
- 大豆のにんにくスープ ... 15
- えんどう豆のクリームスープ ... 43
- いんげん豆の辛いスープ ... 47
- ひよこ豆のスープ ... 69
- いろいろ豆のスープ ... 84

	レンズ豆を入れた野菜スープ	84
	レンズ豆と栗のポタージュ	87
おかず	大豆とベーコンのトマト煮込み	11
	サクッとかき揚げ	11
	大豆のおろしあえ	17
	大豆の甘辛煮	19
	大豆のしょうゆ漬け	20
	自家製厚揚げ	27
	かぼちゃと小豆の蒸し煮	29
	豚肉と黒豆の唐辛子煮込み	38
	じゃが芋とえんどう豆のカレー&チャパティ	43
	いんげん豆の白いシチュー	47
	いんげん豆の辛いスープ	47
	豚肉といんげん豆のトマト蒸し煮	50
	鶏肉といんげん豆のシンプル蒸し煮	52
	ひよこ豆と青菜の煮込み	78
	ひよこ豆のカレー&プーリ	80
ごはん・パスタ	炒り大豆の炊き込み茶めし	22
	小豆と五穀のごはん	29
	小豆のおかゆ	32
	黒豆玄米ごはん	35
	じゃが芋とえんどう豆のカレー&チャパティ	43
	玄米ごはんとひよこ豆のオイルあえ	76
	ひよこ豆のクスクス	77
	ひよこ豆のパスタ	79
	ひよこ豆のカレー&プーリ	80
おやつ・デザート	豆みそ	21
	豆腐のはちみつがけ	26
	ゆで小豆の和三盆がけ	33
	マンゴーと白玉のみつ豆	40
	黒豆といちごの黒みつがけ	41
	豆クリーム	60
	豆アイス	62
	いんげん豆のシナモンはちみつ漬け	63
	いろいろ豆のシロップ漬け	83
	レンズ豆といちごのデザート	85
	緑豆のココナッツミルクがけ	91
	緑豆のおしるこ	91

有元葉子 YOKO ARIMOTO

料理研究家。東京、野尻湖、イタリアに家を持ち、それぞれの暮らしから生まれるレシピを提案。使う素材や調味料は最小限、余分なものを削ぎ落とした引き算の料理、素材のおいしさを引き出した手をかけすぎないシンプルな料理が人気。テレビ、新聞、雑誌などで活躍する一方、機能美を追求したキッチンツールの開発も務める。

撮影のときにスタッフみんなで食べた豆ランチ。
たまたま冷蔵庫にあった
ラムのグリルと青菜の蒸し煮、赤ワインつき。

アートディレクション　昭原修三
デザイン　植田光子（昭原デザインオフィス）
撮影　小泉佳春
スタイリング　千葉美枝子
編集　松原京子

有元葉子のbeans cooking 豆

2005年6月初版発行

著者　有元葉子
発行人　青柳栄次
編集人　嶋尾 通
発行所　昭文社
本社　〒102-8238　東京都千代田区麹町 3-1
　　　電話 (03) 3556-8111 (代表)
支社　〒532-0011　大阪市淀川区西中島 6-11-23
　　　電話 (06) 6303-5721 (代表)
eメール　living@mapple.co.jp
ホームページ　http://www.mapple.co.jp/
© Yoko Arimoto, 2005.6

許可なく転載、複製することを禁じます。
ISBN 4-398-21208-6　定価は表紙に表示してあります。
※乱丁、落丁がありましたら、当社あてにお送りください。
代替品と送料をお送りいたします。